Philippe Korda
Nicht um jeden Preis

Philippe Korda

# Nicht um jeden Preis
## Verkaufsverhandlungen mit Profit

Aus dem Französischen von Stefan Eckrich

Deutsche Bearbeitung von Dr. Thilo Eckardt und
Hartmut Jöhnk. Die Akademie Marketing & Vertrieb,
Witten

REDLINE WIRTSCHAFT
bei verlag moderne industrie

**Bibliografische Information Der Deutschen Bibliothek**
Die Deutsche Bibliothek verzeichnet diese Publikation in der Deutschen
Nationalbibliografie; detaillierte bibliografische Daten sind im Internet
über http://dnb.ddb.de abrufbar.

© 1994 Dunod, Paris
Titel der Orginalausgabe: Vendre et défendre ses marges
Erstmals erschienen bei Dunod, Paris

© Copyright 1999 der deutschen Ausgabe: Orell Füssli Verlag AG, Zürich

© 2002 der Taschenbuchausgabe: Redline Wirtschaft bei verlag moderne
industrie, 80992 München
Internet: www.redline-wirtschaft.de

Umschlaggestaltung: Felix Weinold, Schwabmünchen
Satz: mi, J. Echter
Druck und Bindearbeiten: Ebner & Spiegel, Ulm
Printed in Germany 81294/010301
ISBN 3-478-81294-1

# Inhalt

Vorwort. . . . . . . . . . . . . . . . . . . . . . . . . . . . .    11
Vorgeschichte . . . . . . . . . . . . . . . . . . . . . . .    13

**Erster Teil**

**Analysieren Sie die Einsätze und
das Kräfteverhältnis** . . . . . . . . . . . . . . . . . .    15

*Kapitel 1*
*Preis und Menge – ein ewiges Missverhältnis* . . . .    17

Auf der Suche nach dem Gewinn . . . . . . . . . . .    19

*Kapitel 2*
*Die Zahlungsbedingungen – ein Labyrinth* . . . . . .    30

Die Zahlungsziele: ein wichtiger Verhandlungspunkt
zwischen Käufer und Verkäufer . . . . . . . . . . . . .    31
    Wie schätzt man die Folgen
    eines Zahlungsaufschubs richtig ein? . . . .    33

*Kapitel 3*
*Das Handwerkszeug* . . . . . . . . . . . . . . . . . . . .    40

Wegweiser für den Verhandelnden . . . . . . . . . .    40
    Tauziehen um Preis und Menge. . . . . . . .    41
    Zahlungsfristen . . . . . . . . . . . . . . . . . . .    42
    Zahlungsmodalitäten . . . . . . . . . . . . . . .    44
    Weitere Forderungen seitens des Kunden . .    47

*Kapitel 4*
*Die drei Ratschläge* . . . . . . . . . . . . . . . . . . . .     53

Gesunder Menschenverstand, Raffinesse, Genauigkeit     54
    Erster Rat: Üben Sie sich im Umgang
    mit Zahlen! . . . . . . . . . . . . . . . . . . . . . . .     54
    Zweiter Rat: Bringen Sie Abwechslung
    ins Spiel! . . . . . . . . . . . . . . . . . . . . . . . .     55
    Dritter Rat: Seien Sie genau! . . . . . . . . . .     56

*Kapitel 5*
*Das Kräfteverhältnis zwischen Käufer und Verkäufer* . .     58

Was sind die wirklichen Trümpfe des Kunden? . . .     62
    Die Bereitschaft des Kunden, seine Trümpfe
    auszuspielen . . . . . . . . . . . . . . . . . . . . .     66
    Die persönliche Fähigkeit des Kunden,
    seine Trümpfe optimal einzusetzen . . . . . .     68
Wie kann man der Macht des Kunden begegnen
und das Kräfteverhältnis umkehren? . . . . . . . . .     71
    Man spielt mit der Macht . . . . . . . . . . . .     72
    Jeder Sachzwang des Käufers stärkt
    die Position des Verkäufers . . . . . . . . . . .     74
    Die „eigentliche Macht" des Kunden verringern .     76

**Zweiter Teil**
**Beherrschen Sie die fünf Goldenen Regeln,**
**um gewinnbringend zu verhandeln** . . . . . . . . .     81

*Kapitel 6*
*Ziele und Höhe der Forderungen zu Beginn*
*einer Verhandlung* . . . . . . . . . . . . . . . . . . . . .     83

Goldene Regel Nr. 1:
Trau dich, mit einer hohen Forderung einzusteigen    86
Erster Schritt: Einkreisen des Gebiets . . . .    87
Zweiter Schritt: Ordnen Sie die Einsätze
nach Wichtigkeit!. . . . . . . . . . . . . . . . .    88
Dritter Schritt: Legen Sie Ihre Verhandlungs-
ziele fest . . . . . . . . . . . . . . . . . . . . . . .    89
Vierter Schritt: Wie man die „Tabuzonen"
festlegt . . . . . . . . . . . . . . . . . . . . . . .    92
Fünfter Schritt: Festlegung der Höhe
der Einstiegsforderung bei Verhandlungsbeginn    93
Wie lässt sich die Goldene Regel Nr. 1 in
besonders schwierigen Fällen anwenden?  .    96

Kapitel 7
Die Verteidigungslinien  . . . . . . . . . . . . . . . . .    108

Goldene Regel Nr. 2:
Wenn man dich um ein Zugeständnis bittet,
antworte mit einem Argument  . . . . . . . . . . . .    110
Der sofortige Gegenvorschlag ist ein Fehler    111
Die Verhandlung zwischen Käufer und Verkäufer:
wie beim Fußballspiel? . . . . . . . . . . . . . .    114
Wie lässt sich die Goldene Regel Nr. 2 in
besonders schwierigen Fällen anwenden?  .    118

Kapitel 8
Zugeständnisse und Gegenleistungen  . . . . . . . .    120

Goldene Regel Nr. 3:
Mache keine Zugeständnisse ohne Gegenleistung .    124
Gegenleistungen bekommen:
Die Vier-Schritt-Methode. . . . . . . . . . . . .    129

Wie findet die Goldene Regel Nr. 3
in besonders schwierigen Fällen Anwendung?   132

*Kapitel 9*
*Nachgeben ja ... aber in kleinen Schritten* . . . . . .   136

Goldene Regel Nr. 4:
Wenn du schon nachgeben musst, so tue es in kleinen
Schritten . . . . . . . . . . . . . . . . . . . . . . . . . .   139
Wie lässt sich die Goldene Regel Nr. 4
in besonders schwierigen Fällen anwenden? .   143
Ein Mittel zur Anwendung der Goldenen Regeln
Nr. 3 und 4: die Tabelle der Konzessionen –
Gegenleistungen . . . . . . . . . . . . . . . . . .   145

*Kapitel 10*
*Hase und Igel* . . . . . . . . . . . . . . . . . . . . . . .   148

Goldene Regel Nr. 5:
Bringe den Kunden zum Abschluss! . . . . . . . . . .   151
Anwendungsprinzipien der
Goldenen Regel Nr. 5 . . . . . . . . . . . . . . .   153
Wie lässt sich die Goldene Regel Nr. 5
in besonders schwierigen Fällen anwenden? . .   157

**Dritter Teil**
**Standhaft bleiben in den schwierigsten**
**Situationen** . . . . . . . . . . . . . . . . . . . . . . . . .   161

*Kapitel 11*
*Tappen Sie nicht in die Fallen der Profieinkäufer* . .   163

Die Fallen der Käufer . . . . . . . . . . . . . . . . . . .   166
Die Herabsetzung . . . . . . . . . . . . . . . . .   166
„Entweder – oder" . . . . . . . . . . . . . . . .   167

Die Drohung . . . . . . . . . . . . . . . . . . . . .     170
Dringlichkeit . . . . . . . . . . . . . . . . . . . .     171
„Der Gute und der Böse" . . . . . . . . . . . .     175
Das „Budgetlimit" . . . . . . . . . . . . . . .     176
Weitere Verkäuferfallen . . . . . . . . . . . .     178
Warum sind wir verwundbar?. . . . . . . . . . . . . .     180
Acht Empfehlungen, um den Fallen der Käufer
zu entgehen . . . . . . . . . . . . . . . . . . . . . .     181


*Kapitel 12*
*Selbstsicher handeln – drei Aspekte* . . . . . . . . .     184

Fragebogen zur Selbstanalyse . . . . . . . . . . . . .     184
    Welche spontanen Verhandlungsweisen legen
    Sie in einer Verhandlung an den Tag? . . . .     184
    Auswertung der Selbstanalyse . . . . . . . .     188
Die drei gängigen Verhaltensweisen bei schwierigsten
Verhandlungen. . . . . . . . . . . . . . . . . . . . .     194
    Das entgegenkommende Verhalten . . . . . .     194
    Das kämpferische Verhalten . . . . . . . . .     199
    Der „Spieler" . . . . . . . . . . . . . . . . . . .     202
Selbstsicherheit: eine mächtige Waffe,
um voranzukommen . . . . . . . . . . . . . . . . . .     205
    Was ist das, Selbstsicherheit? . . . . . . . .     205
    Wie man trotz der Willkür
    des Käufers „selbstsicher" auftreten kann .     207
    Wie man eine Meinungsverschiedenheit
    mit dem Kunden „selbstsicher" beilegt . . .     211
Johann LAU wendet die Ratschläge von
Anton PREI an . . . . . . . . . . . . . . . . . . . . . .     215

# Inhalt

Nachtrag . . . . . . . . . . . . . . . . . . . . . . . . . . .   219
Literaturverzeichnis . . . . . . . . . . . . . . . . . . . .   221

Stichwortverzeichnis . . . . . . . . . . . . . . . . . . . .   223

# Vorwort

**Top-Verkauf statt Ausverkauf**
Vor dem Verhandeln steht immer das Rechnen. Dem Unternehmen nützt ein Verkäufer nur dann, wenn er seinen Handlungsspielraum ermessen kann und weiß, wie sich Kompromisse auf den Gewinn des Unternehmens auswirken: Verschenken kann jeder, verhandeln mit und für Profit können (leider) nur wenige.

Philippe Korda, Dr. Thilo Eckhardt und Hartmut Jöhnk sind nicht nur erfahrene Trainer und Consultants, sondern auch handfeste Praktiker – man spürt es auf jeder Seite dieses Buches.

Scheinbar federleicht und zwangsläufig beziehen sie den Leser ein und führen ihn über fünf „Goldene Regeln" zu neuem Bewusstsein in doppelter Hinsicht: Zu Bewusstsein für den eigenen Handlungsspielraum und zu neuem Selbstbewusstsein als Verkäufer, der Konstellationen rechnet und Situationen schafft, die beiden nützen – Kunden wie Anbietern. Ein Wettkampf, der keine Verlierer kennt.

Deshalb ist dieses Buch so nutzbringend, und es ist sein Geld wert – unter Preis hätten es die Autoren sicher nicht abgegeben.

Viel Spaß beim Lesen

Ihr

Bernhard Peters,
Vorsitzender des Vorstandes der COGNOS AG

# Vorgeschichte

Wir befinden uns in einem vornehmen Restaurant. Zwei Geschäftsleute sitzen sich an einem vereinzelt stehenden Tisch gegenüber. Der ältere ist etwa sechzig Jahre alt, sein Gegenüber etwa um die fünfunddreißig, vielleicht vierzig. Gerade hat der Weinkellner den jüngeren verkosten lassen.

PREI: Es tut mir fast ein bisschen leid, dass wir keine Geschäfte mehr miteinander machen werden ... ich hatte doch nicht so bald mit meiner Versetzung in den Ruhestand gerechnet! ... Na ja, auf alle Fälle haben wir so manch harte Schlacht zusammen geschlagen ... und ich könnte mir gut vorstellen, dass Sie mich manchmal verteufelt haben.

LAU: (lachend) So? (wird mit einem Mal wieder ernst, und nach einer Weile, fast verlegen) Jetzt, da Sie sich zurückziehen, könnten Sie mir nicht ein paar Tipps geben, damit ich künftig eine bessere Verhandlungsbasis habe bei ebenso hartnäckigen Kunden wie Ihnen? (dann, als wolle er ein Geheimnis anvertrauen) Ich erinnere mich noch sehr lebhaft an Situationen, wo ich Ihnen gegenüber saß und dachte − da ich nicht wusste, wie die Sache anzupacken ist, − das Geschäft schließe ich nicht ab oder, wenn überhaupt, dann nur zu absolut miserablen Konditionen. Wenn es Ihnen nichts ausmacht, würde ich diese Gespräche gerne noch einmal aufleben lassen, falls Sie sich überhaupt noch daran erinnern.

PREI: Ich erinnere mich noch sehr genau daran.

# Erster Teil

# Analysieren Sie die Einsätze und das Kräfteverhältnis

*Die Bösen haben wahrscheinlich etwas begriffen, wovon die Guten keine Ahnung haben.*

Woody Allen

# Kapitel 1

# Preis und Menge – ein ewiges Missverhältnis

LAU: Es war ganz am Anfang ... Man hatte mir gerade diesen Bereich übertragen, und da kommen Sie und sprechen mich auf Preisnachlässe an.

PREI (lächelt versonnen): Genau, wir befanden uns im frisch renovierten Konferenzzimmer ... ich sehe es noch deutlich vor mir, wie im Film, ich könnte unser Gespräch beinahe wörtlich wiedergeben ...

Im Konferenzzimmer, zehn Jahre zuvor:

Johann LAU versucht Herrn PREI, seinen Gesprächspartner, auszuloten. Obwohl erst neu in diesem Gebiet, ist ihm sein Gegenüber keineswegs unbekannt. Dieser professionelle Kunde, dessen Ruf als unnachgiebiger, geschickter Verhandlungspartner in aller Munde ist und der für seine Firma noch weit bessere Konditionen herausschlagen konnte, als dies etwa Großkunden gelungen ist. Nach der üblichen Höflichkeit kommt der Käufer zur Sache:

PREI: In dem Maße, wie unsere Geschäfte gedeihen, erscheint es mir angebracht, die Konditionen entsprechend anzugleichen: so schwebt mir beispielsweise ein Nachlass von 17 % anstelle von 15 % vor – was im Ganzen lediglich 2 % mehr ausmacht, stellt man den beachtlichen Umsatz gegenüber. (Achselzuckend) Ich weiß, das alles sind für eine Firma wie die Ihre Kleinigkeiten, für mich aber ist das schon ganz ansehnlich.

LAU (geht etwas verunsichert die Kundenakte durch: Das Produkt bringt im Moment eine Gewinnspanne von 20 % bei variablen Kosten. LAU will sich geschäftstüchtig geben): Moment, das hängt natürlich alles vom zusätzlichen Auftragsvolumen ab, das Sie mir in diesem Jahr zusichern können ...

PREI (lacht): Seien Sie unbesorgt: ich bin gerade dabei, Ihnen einen Auftragszuwachs von 7 % anzubieten.

LAU (zögert, lacht ebenfalls, dann gewissermaßen befangen): Wenn das so ist ...

Wieder im Restaurant:

LAU: An diesem Tag bin ich Ihnen etwas zu weit entgegengekommen, wie?

PREI: Sicher! ... Aber Sie konnten gar nicht anders.

LAU: Sie hätten mich unter Druck gesetzt, mit der Drohung einen anderen Zulieferer zu nehmen?

PREI: Wo denken Sie hin. Egal, wie die Sache ausgegangen wäre, Sie wären mein Hauptlieferant geblieben. Wenn ich sage, dass Sie keine andere Wahl hatten, so nur deshalb, weil Sie nicht wussten, wovon die Rede war, Johann. Sie erlauben, dass ich offen mit Ihnen spreche? Nun ja, damals haben Sie mich an meinen Enkel erinnert: als er noch ganz klein war, wollte er mit uns Erwachsenen Bridge spielen ... aber er kannte noch nicht den Wert der Karten!

LAU: Wollen Sie damit sagen, die Karten, das sind die Nachlässe, die Menge ... ?
PREI: Die beste Verhandlungsstrategie nützt nichts, wenn man die falsche Entscheidung trifft.
LAU: Wie soll man da nur durchblicken?
PREI: Ich sage es Ihnen.

# Auf der Suche nach dem Gewinn

Das folgende Kapitel setzt sich nicht zum Ziel, aus Ihnen einen Finanzdirektor zu machen und schon gar keinen Wirtschaftsprüfer, aber es soll Ihnen helfen, sich einige Reaktionen bewusst anzueignen, um Sie in Verhandlungen noch sicherer zu machen. Egal, nach welchen Kriterien Sie auch immer bezahlt werden (Festgehalt, nach Menge, nach Umsatz oder Gewinnspanne ... ), lesen Sie dieses Kapitel. Es gibt Ihnen Anhaltspunkte, wie Sie die Methoden und Techniken anwenden können, die in den folgenden Kapiteln ausführlich beschrieben werden.

Wir gehen zunächst von einfachen Vorstellungen aus, wie sie allgemein verbreitet sind, um dann zu lehrreichen Begriffen für den geschäftskundigen Verhandlungspartner überzugehen. In einem kapitalistischen System besteht das Hauptanliegen eines Unternehmens darin, seine Aktionäre zu bereichern. Diese bereichern sich dank der Gewinnausschüttung durch das Unternehmen und, vor allem, am Reingewinn nach Abzug der Steuern. Tatsächlich kann dieser „Reingewinn" an die Aktionäre verteilt werden, wobei sofort ein Gewinnanteil an sie abfällt, oder man investiert in die Unternehmensentwicklung, wobei auch hier die Aktionäre früher oder später Gewinn machen, denn der Firmenwert wird zunehmen, und somit steigt der Kurs ihrer Aktien. Wie kann nun ein Unternehmen Gewinne erwirtschaften? Es verfügt normalerweise über eine einzige Quelle, den Umsatz, der sich aus dem Verkauf ihrer Produkte ergibt. Dieser Umsatz muss die Kosten des Unternehmens decken, die wie folgt zu unterscheiden sind:

Einerseits die fixen Kosten (oder „Verwaltungskosten"), die nichts mit dem Auftragsvolumen des Unternehmens zu tun haben (z.B. Mieten für die gewerblichen Räume, die Löhne des Verwaltungspersonals ...); andererseits die variablen Belastungen, die in direktem Zusammenhang mit dem Absatzvolumen stehen (z.B. der Ankauf von Rohstoffen, die Kommissionen für Reisende, Vertreter, Handlungsreisende, die Kosten für Lieferungen an Kunden schwanken im Verhältnis zur Summe der getätigten Verkäufe).

Die Differenz zwischen Umsatz und Gesamtkosten bestimmt im wesentlichen den Erfolg des Unternehmens. Ein praktisches Beispiel veranschaulicht Ihnen in wenigen Augenblicken die Verantwortlichkeit und die Rolle des geschäftskundigen Verhandlungspartners.

**Anschauungsübung:**

Bravo! Aufgrund Ihres Erfolges im Verkauf hat Ihnen Ihre Firma die Verkaufsleitung einer neuen Filiale übertragen. Dieses Unternehmen vertreibt bei anderen deutschen Firmen Produkte, die weltweit hergestellt werden. Kaum dass Sie Ihr Büro bezogen haben, machen Sie Bestandsaufnahme.

Ihr Unternehmen stützt sich auf die Herstellung einer einzigartigen Produktpalette zu einem durchschnittlichen Verkaufspreis von 125 Euro.

Der Stückkaufpreis der Produkte beträgt 100 Euro.

Das Absatzvolumen Ihres Unternehmens beläuft sich auf 125 Mio. Euro (bei einer Stückzahl von 1 Million pro Jahr).

Ihr Unternehmen hat Verwaltungskosten (Löhne, Mieten, Abschreibungen der EDV-Einrichtungen und Fahrzeuge, allgemeine Kosten ...) von alles in allem 20 Mio. Euro im Jahr.

Ihre Aufgabe, sollten Sie sie annehmen, besteht darin, die Gewinne des Unternehmens, die von den Aktionären als unzureichend befunden wurden, schnellstens zu mehren. Der Vorstandsvorsitzende hat sich klar ausgedrückt: Sie haben auf einem Schleudersitz Platz genommen. Jede Verschlechterung der betrieblichen Lage (Gewinnrückgang, Liquiditätsprobleme ...) hätte eine sofortige Versetzung in eine weniger angesehene Stellung zur Folge. Diese Akte wird sich in fünf Sekunden selbst zerstören. Viel Glück.

**Vier Fragen**

1. Wie sieht Ihr jetziges Ergebnis aus (Gewinn oder Verlust)?
2. Wie würde es sich bei einem Absatzrückgang von 10 % verändern?
3. Wie wäre das Ergebnis, wenn Sie, um das momentane Auftragsvolumen zu halten (Stückzahl von einer Million), die Preise um 2 % senken würden?
4. Einer Ihrer Kunden sagt zu Ihnen: „Ich bin bereit, Ihnen mehr Aufträge zukommen zu lassen, vorausgesetzt, Sie gewähren mir 4 % Rabatt." Was antworten Sie ihm?

**Ihre Analyse**

1. Wie sieht Ihr jetziges Ergebnis aus (Gewinn oder Verlust)?

|  | Einheitspreis | Menge | Gesamt |
|---|---|---|---|
| Verkäufe |  |  |  |
| Käufe |  |  |  |
| Verwaltungs-kosten |  |  |  |

Gewinn =

2. Wie würde es sich bei einem Absatzrückgang von 10 % verändern?

|  | Einheitspreis | Menge | Gesamt |
|---|---|---|---|
| Verkäufe |  |  |  |
| Käufe |  |  |  |
| Verwaltungs-kosten |  |  |  |

Gewinn =

3. Wie wäre das Ergebnis, wenn Sie, um das momentane Auftragsvolumen zu halten (Stückzahl von einer Million), die Preise um 2 % senken würden?

|  | Einheitspreis | Menge | Gesamt |
|---|---|---|---|
| Verkäufe |  |  |  |
| Käufe |  |  |  |
| Verwaltungs-kosten |  |  |  |

Gewinn =

4. Einer Ihrer Kunden sagt zu Ihnen: „Ich bin bereit, Ihnen mehr Aufträge zukommen zu lassen, vorausgesetzt, Sie gewähren mir 4 % Rabatt." Was antworten Sie ihm?

Momentaner Verkaufspreis = 125 Euro
Momentane Menge = (ausgehend von 100)
Neuer Verkaufspreis =
Maximale Abnahmemenge =

**Antworten**
Im Endergebnis zeichnet sich für das Unternehmen ein Gewinn ab:

• von 5 Mio. Euro im ersten Fall;
• von 2,5 Mio. Euro im zweiten Beispiel;
• und ebenfalls 2,5 Mio. Euro in der dritten Studie.

| | Durchschnittlicher Verkaufspreis | Durchschnittlicher Kaufpreis | Anzahl der Verkaufseinheiten | Umsatz Mio. Euro | Käufe Mio. Euro | Spanne bei variablen Kosten Mio. Euro | Fixe Kosten Mio. Euro | Ergebnis Mio. Euro |
|---|---|---|---|---|---|---|---|---|
| 1 | 125 | 100 | 1 Mio. | 125 | 100 | 25 | 20 | 5 |
| 2 | 125 | 100 | 0,9 Mio. | 112,5 | 90 | 22,5 | 20 | 2,5 |
| 3 | 122,5 | 100 | 1 Mio. | 122,5 | 100 | 22,5 | 20 | 2,5 |

**Kommentar**

Die Erfolge eines Unternehmens lassen sich im Wesentlichen an drei Punkten festmachen:

1. Der Umsatz
Wie ist der erwirtschaftete Umsatz? Je höher er ist, desto besser stehen die Chancen, die Gesamtkosten abzudecken. In unserem Beispiel beläuft sich der Umsatz auf 125 Mio. Euro. Er ergibt sich aus dem Verkaufspreis und vor allem aus der verkauften Menge.

2. Die Schwankungsbreite bei variablen Kosten
Zieht man die Gesamtkosten vom Umsatz ab (hier die Anschaffungskosten), was bleibt übrig? Diese Schwankungsbreite bei variablen Kosten muss als erstes die fixen Kosten des Unternehmens decken und vor allem einen lukrativen Gewinn beinhalten.

Sie stellt im wahrsten Sinne des Wortes klar heraus, was die Kunden einbringen, unabhängig von den Verwaltungskosten. Die Schwankungsbreite bei variablen Kosten ist also ein äußerst wichtiger Gradmesser, um die Rentabilität eines Unternehmens richtig zu verstehen und hilft, das Geschäft für sich gesondert zu betrachten.

3. Das Ergebnis
bezeichnet das, was nach Abzug aller gleichbleibenden Ausgaben des Unternehmens von der Schwankungsbreite bei variablen Kosten übrig bleibt.

## Die Rentabilität steht in engem Zusammenhang mit dem Absatzvolumen

In unserem Beispiel hat ein Verkaufsrückgang um 10 % einen Verlust von 50 % des Ergebnisses zur Folge. Wieso wirkt sich ein kleines Tief in den Absatzzahlen derart gravierend aus? Ganz einfach: Wenn die Verkäufe zurückgehen, verringern sich lediglich die variablen Kosten (hier sind es die Anschaffungskosten), aber die festen Belastungen bleiben gleich. Je mehr die fixen Kosten einen nicht unerheblichen Teil der Gesamtbelastungen des Unternehmens ausmachen, desto größer müssen die Bemühungen um starken Absatz sein.

Wie viel machen die fixen Kosten bezüglich der Verkaufspreise in Ihrer Firma anteilmäßig aus? Der tote Punkt nämlich, d.h. das notwendige Verkaufsvolumen zur Deckung eben dieser fixen Kosten, ist hoch: man muss viel verkaufen, um Gewinne zu machen, und ein kleiner Rückgang reicht aus, um Verluste einzufahren. Logischerweise besteht die Aufgabe der Unternehmen also in erster Linie darin, das Absatzvolumen zu halten bzw. auszubauen, um den toten Punkt zu überwinden. Oft ist deshalb die Bezahlung der Verkäufer, wenigstens teilweise, vom Erlös der getätigten Verkäufe abhängig.

## Der Verkaufspreis hat entscheidenden Einfluss auf die Rentabilität

In unserem Beispiel hat ein Preisrückgang von nur 2 % einen Verlust von 50 % des Ergebnisses zur Folge, und ein Rückgang von 4 % käme einem Nullgewinn gleich. Aber das ist durchaus realistisch! Während die Preise fallen, bleiben nämlich alle Belastungen (Anschaffungskosten und feste Belastungen) gleich: ein Preisrückgang um 2 % ist folglich viel schlimmer als ein Rückgang der Verkäufe um den gleichen Prozentsatz! Der Gewinn des Unternehmens (hier 5 Mio. Euro) wird direkt von dem eingefahrenen Umsatzverlust abgezogen (hier 2,5 Mio. Euro). In einem Betrieb, wo der Nettogewinn vor Abzug der Steuern 3 % des Umsatzes ausmacht, reicht also ein Preisrückgang von 3 % aus, um den Gewinn zunichte zu machen (wenn die Zahl der Verkäufe gleich bleibt). Welchen Anteil hat in Ihrer Firma der Nettogewinn vor Abzug der Steuern am Gesamtumsatz? Für die Verkäufer geht es nicht einfach nur ums Verkaufen. Sie müssen zu den bestmöglichen Konditionen verkaufen (unter der Berücksichtigung des Marktes). Ob man nun einen Nachlass, egal welcher Art, einspart oder dem Kunden im Gespräch zusichert, kann entscheidend sein. Man wird feststellen, dass immer mehr Firmen ihre Verkäufer nicht länger nach Umsatz bezahlen, sondern nach der insgesamt erzielten Schwankungsbreite (bei variablen Kosten). Sind die Verkäufer für die Schwankungsbreite bei variablen Kosten verantwortlich, wo sie doch diese variablen Kosten nicht kontrollieren können, die beispielsweise in einem Herstellerbetrieb in den Zuständigkeitsbereich der Firma fallen? Auf alle Fälle sind sie für die erzielte Spanne in Bezug auf einen veranschlagten Aufwand, den sie kennen, verantwortlich. Wenn die Firma eine Veränderung der realen Selbstkosten des

Produkts feststellt, so betrifft das nicht die Verkäufer, die ja nach Größe der erzielten Spanne verglichen mit dem anfänglich geschätzten Kostenaufwand beurteilt werden.

## Das A und O im Verkauf: das Preis-Mengen-Verhältnis

Die Antwort auf die vierte Frage unserer Übung lautet: Nur wenn der Kunde sein Auftragsvolumen um mindestens 25 % erhöht, bleibt er für die Firma rentabel. Ziel unserer Verhandlung darf also nicht sein, den Umsatz bei diesem Kunden zu halten, was bedeuten würde, dass man den gleichen Umsatz bei größeren Mengen erreicht, was einer Verringerung der Gesamtspanne, die dieser Kunde einbringt, gleichkäme und somit einer Schmälerung des Gesamtgewinns der Firma.

Zu Anfang hat der Kunde unserer Firma eine Spanne von 25 % pro Gerät beschert. Setzt man den Kaufpreis nun um 4 % herab, ergibt sich daraus eine Spanne von nicht mehr als 20 Euro pro Stück. Haben wir dem Kunden 1000 Stück mit einer Gewinnspanne von 25 Euro verkauft und wollen eine gleichwertige Gesamtspanne durch den Verkauf von Produkten mit einer Gewinnspanne von 20 Euro erhalten, so müssen wir 1000 x 25:20, sprich 1250 Stück, absetzen. Ein Preisrückgang um nur 4 % zwingt uns, bei gleichbleibenden Bedingungen unsere Verkäufe um mindestens 25 % zu steigern! Mit einer einfachen Formel läßt sich der Minimalbetrag der Aufträge berechnen, der notwendig ist, um die Bruttogesamtspanne, die bei einem Kunden erwirtschaftet wird, trotz Preisnachlass zu halten:

27

Erforderliche Mindestaufträge im Jahr n + 1 =

$$\frac{\text{Erhaltene Aufträge}}{\text{im Jahr n}} \times \frac{\text{\% Bruttospanne}}{(\text{\% Bruttospanne} - \text{\% Preisnachlass})}$$

In unserem Beispiel: $\dfrac{1000 \times 20\ \%}{(20\ \% - 4\ \%)} = 1250$ Stück

Weiter muss man um ein anderes klassisches Hindernis Bescheid wissen:

Der Käufer sagt: „Ich bin bereit, meine Einkäufe um 13 % zu steigern ... Welchen Rabatt können Sie mir gewähren?" Mit nachstehender Formel lässt sich schnell errechnen, wie viel Rabatt Sie maximal geben dürfen.

$$\text{Maximaler Nachlass} = \text{\% Bruttogewinnspanne} \times \left(1 - \left(\frac{\text{tatsächliche Abnahmemenge}}{\text{voraussichtliche Abnahmemenge}}\right)\right)$$

in unserem Fall: $20\ \% \times 1 - \dfrac{100}{113} = 2,3\%$

**Eckpunkte zum Merken**
Es kommt nicht nur auf das Verkaufen an, es soll auch zu den bestmöglichen Konditionen geschehen. Die Aufgabe eines Verkäufers ist vor allem, seiner Firma eine gesunde Gesamtspanne zu sichern. Diese ergibt sich aus dem Umsatz und dem Prozentsatz der Gewinnspanne.

**Hierzu einige geeignete Testfragen für Sie:**
Als Verhandelnder: Habe ich ausreichende Kenntnisse über wirtschaftliche und finanzielle Aspekte, wie sie meine Tätigkeit verlangt (sagen mir Begriffe wie Gewinnspanne, Liquidität etwas …)? Wenn nicht, wie soll ich vorgehen?
Habe ich genügend Kenntnise, was den Kostenaufbau meiner Produkte angeht, um in meinen Verhandlungen das Optimale herauszuholen (Teil der fixen Kosten und der variablen Kosten, erzielte Gewinnspannen, das richtige Verhältnis zwischen Einsparungen und Ausgaben …)? Falls nicht, wie soll ich da vorgehen?

**Und wenn Sie die Verantwortung für ein Verkaufsteam haben:**
Sind sich meine Verkäufer wirklich bewusst über die Auswirkung eines Rabatts auf die Absatzzahlen unserer Firma? Wenn die Antwort nein lautet: Was werde ich vorrangig verändern?

Können meine Verkäufer den maximal zulässigen Preisnachlass bei einer Steigerung des Auftragsvolumens errechnen und/oder den Mindestzuwachs an Aufträgen, um einen zusätzlichen Nachlass auszugleichen? Wenn die Antwort nein lautet: Was muss ich als erstes ändern?

Ist die Grundlage, auf der meine Verkäufer bezahlt werden, geeignet, sie anzuspornen, immer absolut im Interesse der Firma zu verhandeln? Lautet die Antwort nein, so muss auch hier die Frage im Vordergrund stehen: Was muss ich zuerst verändern?

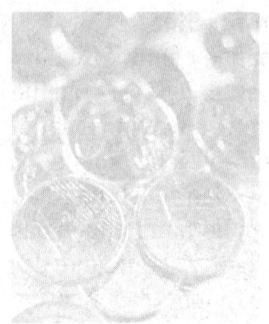

# Kapitel 2

# Die Zahlungsbedingungen – ein Labyrinth

LAU: Da wäre auch noch die Frage, wie man das Zahlungsziel festsetzt ...
PREI (nickt nachdenklich): Allerdings, damit kamen Sie anfangs nur schwer zu Rande ...

Im Konferenzzimmer, zehn Jahre zuvor:

Anton PREI ist offensichtlich nicht ganz einverstanden mit dem Preisnachlass, den ihm Johann LAU angeboten hat. Er hätte gerne bessere Zahlungsbedingungen. Bei Durchsicht von Herrn PREIS Akte stellt LAU fest, dass sein Kunde momentan 30 Tage ab Rechnungsstellung netto bezahlt. Herr PREI fordert eine Frist von 60 Tagen ... Das Festsetzen von Zahlungszielen ist die Lieblingsbeschäftigung von Herrn LAUS Vorgesetztem, der sich ebenfalls entschlossen zeigt: „Nein, also beim besten Willen, ich kann Ihnen da nicht weiter entgegenkommen ... "

PREI (sichtlich enttäuscht): Da kann man nichts machen, bleibt es also bei 30 Tagen zum Ende des Monats ... (mit verdrießlicher Miene, hinzufügend) 30 Tage, also am 10. wohlverstanden.

LAU übergeht den letzten Satz, um die Stimmung nicht noch zu verschlechtern.

PREI: Natürlich sehen unsere allgemeinen Konditionen auf alle Fristen 25 Tage vor ... aber das wissen Sie ebenso gut wie ich.

LAU traut sich nicht, etwas zu sagen. Weiß er wirklich genau, wovon da die Rede ist? Hauptsache, denkt er, so als wolle er sich selbst beruhigen, er zahlt in 30 Tagen ...

Im Restaurant:

LAU: Ich versichere Ihnen, damals habe ich solchen Fragen wie Zahlungszielen kaum Beachtung geschenkt ... und habe mich dabei ein wenig verirrt!

PREI: Die meisten Ihrer Kollegen verhalten sich in solchen Fällen genauso! Ein Glück für die Käufer!

# Die Zahlungsziele: ein wichtiger Verhandlungspunkt zwischen Käufer und Verkäufer

Der richtige Umgang mit der Festsetzung der Zahlungsziele hat sich heutzutage zur Hauptsorge in den Chefetagen entwickelt. Die Einsätze sind nämlich beträchtlich: Man muss für eine gesunde Liquidität Sorge tragen, Ressourcen lockermachen, um Investitionen zu tätigen und Projekte anzuschieben, die Risiken herabmindern, die finanziellen

Belastungen einschränken ... Indes trifft dieser Umstand oft auf einen gewissen passiven Widerstand der Verkaufsabteilung. Dieser Widerstand ist zum Teil bedingt durch die Aufgaben und Ziele, mit welchen die Teams betraut wurden.

Der Verkäufer von heute wird, in den meisten Organisationen, im Wesentlichen an Absatzmenge und Gewinnspanne gemessen, und der richtige Umgang mit den Zahlungsbedingungen für den Kunden wird selten, weder bei seiner Zielsetzung noch seiner Bezahlung, berücksichtigt. Aber dieser passive Widerstand ist auch zurückzuführen auf eine starke Fehleinschätzung der Verkaufsteams in Bezug auf die realen Auswirkungen des Kundenkredits auf die Firma. Die Mehrheit der Verkäufer kennt nicht einmal die Bedeutung des genauen Wortlautes der Zahlungsbedingungen! Damit nicht genug, sie sind sich beileibe nicht immer bewusst, wie sich ein zusätzlich bewilligter Zahlungsaufschub auf die Gesamtsituation auswirkt: Was kosten dreißig, sechzig oder gar neunzig Tage, die man an den Kunden verliert? Diesbezüglich ist es symptomatisch, dass die Verkäufer oftmals mehr Energie darauf verschwenden, ihren Vorgesetzten die Zahlungsbedingungen, die ihnen vom Kunden aufgezwungen wurden, schmackhaft zu machen, als umgekehrt Anstrengungen zu unternehmen, bei denselben Kunden die Vorstellungen ihrer Vorgesetzten durchzusetzen! Dieses Kapitel will zum einen sensibilisieren und zum anderen das Mysterium Zahlungsbedingungen erhellen, damit Sie sich zurechtfinden.

# Wie schätzt man die Folgen eines Zahlungsaufschubs richtig ein?

## Anschauungsübung

Sie kommen wieder in die Leitung der Verkaufsabteilung Ihrer Firma. Sie haben nur deutsche Unternehmen als Kunden, und Ihr Umsatzvolumen beläuft sich noch immer auf 125 Mio. Euro.

*Neue Infos:* Bis jetzt haben Ihre Kunden sofort mit Überweisung bezahlt (ohne Skonto). Um den Umsatz zu steigern, erwägen Sie, Ihrer gesamten Kundschaft ein Zahlungsziel von 30 Tagen zu gewähren, zahlbar Ende des Monats am 10. (Wert 25.), per Scheck.

Können Sie alle Konsequenzen, die sich möglicherweise aus solch einer Entscheidung ergeben, im Einzelnen ausführen?

*Ihre Analyse:*

. . . . . . . . . . . . . . . . . . . . . . . . . . . . . . . . . . .

. . . . . . . . . . . . . . . . . . . . . . . . . . . . . . . . . . .

. . . . . . . . . . . . . . . . . . . . . . . . . . . . . . . . . . .

. . . . . . . . . . . . . . . . . . . . . . . . . . . . . . . . . . .

Man leiht stets mehr, als man annimmt.

Wenn wir den Ratenkauf akzeptieren, schlüpfen wir unseren Kunden gegenüber in die Rolle der Bank. Unglücklicherweise haben wir weder deren Kenntnisse noch die Voraussicht. Hinzu kommt, dass wir das tun, ohne die

Kosten und Risiken dieser Aktion zu berechnen! Tatsächlich leihen wir stets mehr, als wir beabsichtigen. Hierfür gibt es drei Gründe:

Die Realfrist ist nicht die sichtbare Frist. So muss man die Zahlung in 30 Tagen netto von der Zahlung in 30 Tagen zu Ende des Monats unterscheiden, die einer Durchschnittsfrist von 45 Tagen entspricht. Geht man davon aus, dass eine Rechnung im Januar gestellt wird, muss die Zahlung der Rechnung am 10. März eingehen, sofern das Zahlungsziel 30 Tage zum Ende des Monats am 10. lautet. Lautet die Vereinbarung hingegen 30 Tage zum Ende des Monats am 10., Wert 25., müssen bei gleicher Ausgangssituation alle Rechnungen, die nach dem 25. Januar ausgestellt worden sind, am 10. April gezahlt werden. In unserer Übung, wo wir 30 Tage als Monat annehmen sowie eine täglich gleich bleibende Rechnungsstellung, beträgt also die theoretische Durchschnittsfrist zwischen Rechnungsstellung und Fälligkeit 60 Tage!

*Kein Zahlungsmittel garantiert den fristgerechten Zahlungseingang.* Jedes Zahlungsmittel hat Vor- und Nachteile (siehe Tabelle in „Das Handwerkszeug", Kapitel 3), jedoch keines garantiert die Zahlung bei Fälligkeit. Wird mit Scheck bezahlt, muss man etwa einkalkulieren, dass er mit Verspätung eintrifft. Der Kunde unterzeichnet den Scheck vielleicht zum Fälligkeitsdatum ... aber wann trifft er beim Zulieferer tatsächlich ein? Nicht selten vergehen zwischen Fälligkeit und tatsächlichem Eingang eines Schecks fünfzehn bis zwanzig Tage; dann sind da noch die Wertstellungstage, die von der Bank auferlegt werden: ein Scheck, der montags eingereicht wurde, wird erst nach Ablauf von zwei bis fünf Tagen gutgeschrieben. Mit anderen Zahlungsmodi, die dem Einzahler die Initiative überlassen, ist es genau dasselbe – Überweisung, Wechsel ... – bergen Verzögerungsrisiken in sich, die durch die Zahlungsmodi des Zulieferers – Tratte, auf Magnetband gespeicherter Wechsel – nicht völlig ausgeschlossen sind. In unserer Übung kann man davon ausgehen, dass das Zahlungsziel 30 Tage zum Ende des Monats am 10., Wert 25., per Scheck, im Ganzen auf eine Zahlungsverzögerung von 70–80 Tagen hinausläuft, im Vergleich zur Barüberweisung.

*Der Verkäufer leiht im Allgemeinen die Mehrwertsteuer gleich mit!* Was den Verkauf anbelangt, von Geschäft zu Geschäft, ist es üblich, von Nettopreisen zu sprechen, sobald die Rede von Preisen und Gewinnspannen ist. Die Mehrwertsteuer wird nämlich automatisch durch die Firmen abgezogen und ist somit aus wirtschaftlicher Sicht scheinbar neutral. Indes: Wenn eine Firma (die den üblichen Steuerbestimmungen unterliegt) einem Kunden Kredit bewilligt, muss sie an den Staat die entsprechende Mehrwertsteuer zum 15. des Folgemonats abführen, ohne den Zahlungstermin des Kunden abzuwarten. Sie leiht also dem Kunden einen Betrag, in dem alle Steuern enthalten sind. Dieser Betrag erscheint übrigens in der Bilanzierung des Unternehmens, in der Spalte der Kundenverbindlichkeiten. In unserer Übung beträgt der den Kunden bewilligte Kreditspielraum 75 Tage bei einem Umsatzvolumen inklusive aller Steuern, von mehr als 30 Mio. Euro, und das bei einem Mehrwertsteuersatz von 16%, wenn man davon ausgeht, dass die Kunden im Durchschnitt 75 Tage nach Rechnungsstellung bezahlen. Das bedeutet, dass die Firma ihrer Kundschaft jeden Tag im Durchschnitt künftig mehr als 30 Mio. Euro leiht! ... und diese gewaltige Summe wächst noch, wenn, wie wir hoffen, unser Umsatz nach oben geht. Werfen wir nun einen Blick auf die Konsequenzen, die sich aus dieser Situation ergeben ...

Durch die Vergabe eines Kundenkredits ergeben sich drei Konsequenzen:

*Jeder Kundenkredit schafft einen Kundenrisikofaktor.* Dieses Risiko muss man genau abwägen. Der Risikobetrag entspricht dem absoluten Kreditlimit, das im Verlauf der Geschäftsbeziehung durch Kreditvergabe erreicht wird. Das Wahrscheinlichkeitsrisiko hängt von der Laufzeit des Kredits ab, aber vor allem selbstverständlich von der voraussichtlichen Zahlungsfähigkeit des Kunden, über die darauf spezialisierte Organisationen sehr wertvolle Angaben machen können. Es gibt immer ein Kostenrisiko –, entweder direkt (bei Wegfall der Kunden) oder indirekt (bei Kreditversicherung), aber vermeidbar ist es nicht. In unserem Beispiel ist der Kundenrisikofaktor enorm. Eine offen stehende Rechnung von 1 Mio. Euro würde unsere Ergebniszahlen um 20 % schrumpfen lassen. Wir verleihen übrigens jeden Tag mehr als das 30fache dieser Summe ...

*Jeder Kundenkredit muss finanziert werden.* Um an andere Geld verleihen zu können, muss man selbst erst einmal einen Geldgeber finden. Das bedeutet konkret: Immer wenn ein Verkäufer einem seiner Kunden einen Kredit bewilligt, muss ein anderer Angestellter der Firma die entsprechenden Ressourcen lockermachen: etwa indem er einen Teil der Kapitalanlagen der Firma flüssig macht, oder durch Aushandeln einer Nachfrist bei einem Zulieferer. Eine andere Möglichkeit wäre die Aufnahme eines Kredites bei einer Bank, beispielsweise in Form einer Diskontierung oder eines Überziehungskredits – beste

Aussichten für eine Firma, ihre Verschuldungsgrenze zu überschreiten, da der Kundenkredit der Firma die finanzielle Grundlage für anderes entzieht, z. B. Investitionen. Schlimmstenfalls stocken die Banken oder Zulieferer ihre Anleihen nicht mehr auf, und man hat keine andere Wahl mehr, als die Aktionäre um einen Kapitalzuschuss zu bitten, um den Konkurs zu verhindern. In unserer Übung haben wir keine Ahnung, welche Möglichkeiten uns bei Verhandlungen mit Banken bzw. Zulieferern zu Gebote stehen ... aber wir wissen sehr wohl um die freundlichen Worte unseres Vorsitzenden über den Schleudersitz, sollte es Liquiditätsprobleme geben!

*Jeder Kundenkredit hat finanzielle Belastungen zur Folge.* Das Geld, das wir an Kunden verleihen, ist immer mit Kosten verbunden:

- Entweder die Firma verfügt selbst über die nötige Liquidität ... jedoch kommt sie durch den Kundenkredit nicht in den Genuss der Zinsen, die sie bei Anlegung der entsprechenden Summe einstreichen könnte;
- oder sie ist gezwungen, sich an Geldgeber zu wenden: Banken, die Zinsen und vielleicht obendrein Kommissionen berechnen. Im anderen Falle sind es Zulieferer, die, bei Gewährung eines Vorteils in Form von Zahlungsfristen, im Gegenzug eine Ersatzleistung ihrerseits erbringen müssten. In unserem Beispiel nehmen wir im Schnitt einen Kreditspielraum von 30 Mio. Euro an, das heißt, man muss sich permanent diese Summe borgen, ja sogar mehr, wenn sich der Umsatz erhöht. Wenn wir weiterhin annehmen, dass sich eine Finanzierung finden lässt, wobei der durchschnittliche langfristige Zinssatz 8 % im Jahr beträgt, kostet uns diese

Angelegenheit 2,4 Mio. Euro im Jahr. Das ist eine enorme Belastung, verglichen mit der gegenwärtigen Höhe des Gewinns der Firma.

## Schlussfolgerungen

Nicht der Finanzdirektor schafft Raum für Liquidität: er hat lediglich die Funktion eines Managers. Es sind in erster Linie die Verkaufszahlen, die, durch kontrollierten Kundenkredit, für die Liquidität eines Unternehmens verantwortlich zeichnen.

Liquidität und Rentabilität sind zwei vollkommen verschiedene Begriffe:

Die Rentabilität hängt vom Umsatz, den Gewinnspannen und der Kostenbewältigung ab.

Die Liquidität ist im Wesentlichen abhängig vom Kundenkredit, den Beständen und von der Lieferantenfinanzierung; Liquidität hängt auch vom Umsatz ab, da sie durch Zunahme der Geschäfte beeinträchtigt wird.

*Über 30 % der deutschen Firmen, die Konkurs anmelden, machen Gewinn! Diesen Umstand verdanken sie einzig und allein ihrer mangelnden Liquidität.*

Jeder Verkaufsleiter muss drei Widersprüche vereinen: Zum einen hat er die Forderungen des Kunden mit denen seiner Firma in Einklang zu bringen; andererseits muss er versuchen, die gesteckten Ziele hinsichtlich Auftragsmenge mit der erwünschten Gewinnspanne in Einklang zu bringen; und schließlich sollte er einen Konsens zwischen den Prämissen Rentabilität und Liquidität finden.

Alle Forderungen seitens des Kunden müssen folglich auf Konsequenzen in Bezug auf Rentabilität und Liquidität untersucht werden.

## Eckpunkte zum Merken

Niemals einen Kundenkredit gewähren, ohne vorher die damit verbundenen Risiken auszuloten und gegebenenfalls die Risikodeckung mit einzuplanen. Einem Kunden einen Kredit zu bewilligen, zwingt Ihre Firma, die eigene Verschuldung nach außen zu erhöhen. Der Kundenkredit kommt teuer zu stehen: Die Finanzierungskosten betragen oft die Hälfte des Gewinns einer Firma. Die Zahlungsbedingungen müssen absolut eindeutig mit dem Kunden abgesprochen werden, um jedes Missverständnis auszuschließen ...

## Hier wieder ein paar hilfreiche Fragen an Sie:

In der Rolle des Verkäufers: Denken Sie, dass Sie für die Verkaufstransaktion verantwortlich sind, bis die Rechnung bezahlt wurde?

Kennen Sie die genauen Zahlungsbedingungen, die mit dem Kunden vereinbart wurden ... sind Sie in der Lage, Abweichungen richtigzustellen?

Kennen Sie genau den Unterschied zwischen den Zahlungsbedingungen, die Sie mit dem Kunden vereinbart haben, und den tatsächlich ermittelten Fristen? ... und sind Sie in der Lage, Abweichungen anzugleichen?

... und als Leiter eines Verkaufsteams: Sind Ihre Verkäufer feinfühlig genug, um die Auswirkungen von Zahlungsfristen auf die Situation und die Ergebnisse Ihrer Firma richtig einzuschätzen?

Können Sie den Kreditspielraum für Ihre wichtigsten Kunden richtig einschätzen?

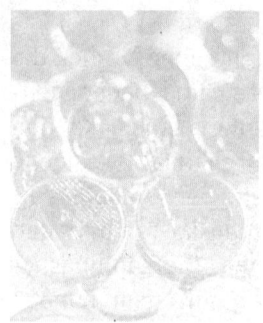

# Kapitel 3

# Das Handwerkszeug

LAU: Ein paar gute Anhaltspunkte, das ist es, was mir gefehlt hat!
PREI: Logisch.

## Wegweiser für den Verhandelnden

Der Verkauf wird oft, und das zu Recht, als eine Kunst angesehen, wo der Erfolg von drei Faktoren bestimmt wird: die Fähigkeit, zuzuhören, die Intuition und schließlich die Überzeugungskraft. Wie auch immer, wenn finanzielle Interessen im Spiel sind, reichen diese Qualitäten nicht mehr aus. Der Verkäufer muss im Besonderen über Hilfsmittel verfügen, die ihm gestatten:

- das in einem Verkaufsgespräch vertretbare Preis-Mengen-Verhältnis einzuordnen;
- den passenden Zahlungsmodus zu finden;
- und, weniger speziell, sich die direkten Folgen klarzumachen, die verschiedene Zugeständnisse an den Kunden mit sich bringen.

## Tauziehen um Preis und Menge

In welcher Höhe kann man einem Kunden bei Steigerung seines Auftragsvolumens am Preis nachlassen? Wie wir in Kapitel 1 gesehen haben, kann man mittels einer einfachen Formel den Mindestbetrag errechnen, der sich aus den Aufträgen ergeben muss, um die Gesamtheit der Bruttogewinnspanne (Schwankungsbreite bei variablen Kosten) zu halten, die man bei einem Kunden trotz eines Preisnachlasses erzielen kann:

Mindestaufträge im Jahr n+1 = erhaltene Aufträge n x Bruttogewinnsatz: (% Bruttogewinnspanne – % Preisnachlass) das ist, im gezeigten Beispiel des ersten Kapitels:

1000 x 20 % : (20 % – 4%) = 1250 Stück

Wie viele Aufträge muss man bekommen, um die gleiche Gesamtgewinnspanne trotz eines Preisnachlasses zu sichern?

Der Käufer sagt: Ich bin bereit, meine Aufträge um 13 % zu erhöhen ... Wie viel können Sie nachlassen? Die Formel zur Berechnung des maximal möglichen Rabatts lautet:

$$\text{maximaler Nachlass} = \% \text{ Bruttogewinnspanne} \times \left( 1 - \frac{\text{derzeitige Menge}}{\text{vorgesehene Menge}} \right)$$

In unserem Beispiel wären das: $20 \% \times \left( 1 - \frac{100}{113} \right) = 2{,}3 \%$

**Zur Abklärung**

Überprüfen Sie bei Ihrem Controller:

- die Richtigkeit Ihrer Informationen bezüglich der Schwankungsbreite bei variablen Kosten, die durch Ihre verschiedenen Produkte entstehen;
- die Folgen, die sich aus einem Mengenzuwachs bei dem betreffenden Produkt ergeben (maßgerechte Einsparungen, Zunahme der festen Belastungen durch den Schwelleneffekt ...).

## Zahlungsfristen

Wie wirken sich die Forderungen meines Kunden genau aus? Die folgende Tabelle veranschaulicht:

- in der ersten Spalte: die üblichen Zahlungsvereinbarungen (30 Tage netto, 30 Tage zum Ende des Monats ... );
- in der zweiten Spalte: die reale voraussichtliche Durchschnittsfrist zwischen Rechnungsstellung und Fälligkeit;
- in der dritten Spalte: den durchschnittlichen Kreditspielraum, entstanden durch die Zahlungsfrist, die gewissenhafte Einhaltung der Fälligkeitsdaten und des Zahlungseingangs unmittelbar bei Fälligkeit sei vorausgesetzt, für einen Jahresbetrag an Verkäufen von 1 Mio. Euro ohne Steuern bei einem Mehrwertsteuersatz von 16%;
- in der vierten Spalte: die jährlichen Kreditkosten dieses Kreditspielraums basierend auf einem Zinssatz von 8 %.

## Zahlungsfristen und ihre Auswirkungen

| Zahlungsbedingungen | Durchschnittsfrist bei sofortigem Zahlungseingang in Tagen | Durchschnittlicher Kreditspielraum (Umsatzvolumen inklusive aller Steuern x Frist/365 Tage) in 1000 Euro | Kosten (durchschnittlicher Kreditspielraum x 8 % Kreditkosten) in 1000 Euro |
|---|---|---|---|
| 30 Tage netto | 30 | 95,3 | 7,6 |
| 30 Tage Ende des Monats | 45 | 143,0 | 11,4 |
| 30 Tage Ende des Monats am 10. | 55 | 174,8 | 14,0 |
| 30 Tage Ende des Monats am 10. Wert 25. | 60 | 190,7 | 15,3 |
| 60 Tage netto | 60 | 190,7 | 15,3 |
| 60 Tage Ende des Monats | 75 | 238,4 | 19,1 |
| 60 Tage Ende des Monats am 10. | 85 | 270,1 | 21,6 |
| 60 Tage Ende des Monats am 10. Wert 25. | 90 | 286,0 | 22,9 |
| 90 Tage Netto | 90 | 286,0 | 22,9 |
| 90 Tage Ende des Monats | 105 | 333,7 | 26,7 |
| 90 Tage Ende des Monats am 10. | 115 | 365,5 | 29,2 |
| 90 Tage Ende des Monats am 10. Wert 25. | 120 | 381,4 | 30,5 |

**Anleitung**

Unter Berücksichtigung einer Kundenanfrage um Kredit gilt es:

- den Kreditspielraum auszuloten und zu prüfen, ob sich dieser mit einer gesunden Abwicklung des Kundenrisikos vereinbaren lässt;
- dem Kunden die Bedeutung der geforderten Realfrist aufzuzeigen (z. B. 55 Tage für 30 Tage zum Ende des Monats, am 10.), sowie die Bedeutung des Kreditspielraums;
- die Kosten des bewilligten Kredits zu beziffern;
- diese Argumente ins Feld zu führen, um entweder den bewilligten Kredit zu verringern oder Ausgleichsleistungen dafür zu erhalten.

**Zur Beachtung**

Überprüfen Sie, ob das Kundenrisiko gedeckt werden kann, und gegebenenfalls den Wert der zur Verfügung stehenden Risikoabdeckung.

Überprüfen Sie, ob der Kunde pünktlich bei Fälligkeit seinen Verpflichtungen nachkommt.

Vergewissern Sie sich, dass der Verkauf der Mehrwertsteuer zu dem angegebenen Satz unterliegt.

## Zahlungsmodalitäten

Was sind die Vorteile und was die Nachteile der von meinem Kunden geforderten Zahlungsweise? Ob man nun diesen oder jenen Zahlungsmodus wählt, kann abhängig gemacht werden von den Kosten, die das Ganze mit sich bringt, wie zügig die Zahlung abgewickelt wird, ob die Forderung mühelos bereitgestellt werden kann. Die Sicherheit, dass gezahlt wird, hat man – leider – praktisch nie, sobald einem Kunden eine Frist gewährt worden ist, von ein paar Ausnahmefällen abgesehen, wie z. B. dem Dokumentenakkreditiv bei der Ausfuhr. Die folgende Tabelle weist Folgendes aus:

• in der ersten Spalte: die geläufigsten Zahlungsmodi;
• in der zweiten Spalte: die wichtigsten Vorteile jeder einzelnen Zahlungsweise;
• in der dritten Spalte: ihre hauptsächlichen Nachteile.

**Wahl des Zahlungsmittels**

| Übliche Zahlungsmittel | Vorteile | Nachteile | Bemerkungen |
|---|---|---|---|
| Scheck | • gratis<br>• ein Sondergesetz vereinfacht die Klagen bei einem ungedeckten Scheck | • Verspätungsrisiko (der Kunde ist Aussteller)<br>• Werttage<br>• keine Skontierung möglich | |
| Überweisung | • Schnelligkeit<br>• Kosten | • keine Skontierung möglich<br>• Fehlerrisiken | Kosten und Schnelligkeit sind optimal |
| Eigenwechsel | • skontierbar | • Verspätungsrisiko (der Kunde ist Aussteller)<br>• Kosten | |

| Übliche Zahlungsmittel | Vorteile | Nachteile | Bemerkungen |
|---|---|---|---|
| Wechsel | • skontierbar<br>• geringeres Verspätungsrisiko (da der Lieferant den Wechsel ausstellt und den Kunden zum Akzept mahnen kann) | • Kosten | |
| Auf Magnetband gespeicherter Wechsel | • gleiche Vorteile wie beim Wechsel, bei geringeren Kosten | • setzt das Einverständnis des Kunden voraus, der keinen Wechsel mehr auf Akzept untersuchen kann | |
| Bankscheck | • absolute Zahlungssicherheit | • erhöhte Kosten<br>• umständlicher Verwaltungsakt für den Kunden | abgesehen von Bargeld das einzige wirklich sichere Zahlungsmittel bei zweifelhaften Kunden |

## Weitere Forderungen seitens des Kunden

Welche möglichen Folgen haben die vom Kunden gewünschten Konzessionen?
Die „Übersicht zur direkten Analyse" zeigt:

- in der ersten Spalte: die vom Kunden am häufigsten erbetenen Zugeständnisse in der Verhandlung;
- in der zweiten Spalte: Angaben über die Tragweite der Konsequenzen bezüglich der Rentabilität;
- in der dritten Spalte: Angaben über die Tragweite der Konsequenzen hinsichtlich der Liquidität;
- in der vierten Spalte: die entsprechenden „Vorteile", die sich aus jeder Konzession für den Zulieferer im Einzelnen ergeben;
- in der letzten Spalte: die hauptsächlichen Nachteile für den Zulieferer.

## Übersicht zur direkten Analyse

| Forderungen des Kunden | Folgen bezüglich der Rentabilität | Folgen bezüglich der Liquidität | Relative Vorteile | Nachteile |
|---|---|---|---|---|
| Handelsrabatt | – – | | • ermöglicht einen attraktiven Nominalpreis | • senkt in hohem Maße die Gewinnspanne;<br>• wertet das Produkt ab;<br>• kann ansteckend wirken (auf andere Produkte und/oder andere Kunden) |
| Jahresbonus | – – | + | • garantiert, dass der Kunde seine Verpflichtungen einhält | • senkt in hohem Maße die Gewinnspanne;<br>• kann stillschweigend verlängert werden |

| Forderungen des Kunden | Folgen bezüglich der Rentabilität | Folgen bezüglich der Liquidität | Relative Vorteile | Nachteile |
|---|---|---|---|---|
| Skonto bei Barzahlung | – – | + + | • spornt den Kunden an, unverzüglich zu zahlen; <br> • verbessert die Liquidität <br> • bewahrt den Referenzpreis des Produkts | • erhöht die finanziellen Belastungen und verschlechtert das Ergebnis |
| Zahlungsziele | – | – – | • ermöglicht, einen höheren Preis durchzusetzen (vor allem bei Produktionsgütern der Schwerindustrie) | • erhöht das Kundenrisiko; <br> • verschlechtert die Liquidität; <br> • verschlechtert die Rentabilität aufgrund der Finanzierungskosten |

| Forderungen des Kunden | Folgen bezüglich der Rentabilität | Folgen bezüglich der Liquidität | Relative Vorteile | Nachteile |
|---|---|---|---|---|
| Produkt oder Service gratis | – | | • bewahrt den Referenzpreis des Produkts;<br>• ermöglicht, dem Kunden einen konkreten Vorteil zu bieten;<br>• die Grenzkosten können niedrig sein im Verhältnis zum Preis, der vom Kunden wahrgenommen wird | • Risiko, das Produkt oder den Extraservice aus der Sicht des Kunden abzuwerten;<br>• verschlechtert die Gewinnspanne noch stärker, wenn man bedenkt, dass das Produkt oder der Service vom Kunden sowieso gekauft worden wäre |

| Forderungen des Kunden | Folgen bezüglich der Rentabilität | Folgen bezüglich der Liquidität | Relative Vorteile | Nachteile |
|---|---|---|---|---|
| Verkaufsfördernde Unterstützung (Material für Werbung in den Verkaufssektoren, Einzahlung von Geldern) | – – | – | • hilfreich beim Wiederverkauf und berechtigt zur Hoffnung auf gewisse Investitionen des Kunden auf Zeit | • verschlechtert in erheblichem Maße die Gewinnspanne, denn die Kosten sind im Allgemeinen sehr hoch im Verhältnis zu den Zusatzverkäufen, die während der Werbedauer getätigt wurden;<br>• verschlechtert die Liquidität, denn die Auszahlung geht den Verkäufen voraus |

| Forderungen des Kunden | Folgen bezüglich der Rentabilität | Folgen bezüglich der Liquidität | Relative Vorteile | Nachteile |
|---|---|---|---|---|
| Verlängerung der Garantiezeit | – | | • stellt einen Vertrauensbeweis in Ihr Produkt dar und eine Sicherheit für den Kunden;<br>• nicht in Zahlen messbar, erschwert den Preisvergleich mit Ihrer Konkurrenz | • die Kosten können sich auf Zeit als höher erweisen |

## Anleitung

Untersuchen Sie die Folgen der vom Kunden geforderten Konzession. Versuchen Sie, wenn nötig, auf andere Zugeständnisse auszuweichen, die den Kunden zufriedenstellen könnten und für Sie kostengünstiger sind.

## Zur Beachtung

Halten Sie sich immer die Folgen Ihrer heute gemachten Zugeständnisse auf lange Sicht vor Augen (Goldene Regel Nr. 4 im zweiten Teil des Buches, Seite 139).

# Kapitel 4

# Die drei Ratschläge

LAU: Diese Anhaltspunkte, über die wir gerade gesprochen haben – ist das ausreichend, um in einer schwierigen Verhandlung zu bestehen?
PREI (lachend): Notwendig ... aber keinesfalls ausreichend!
LAU: Was wollen Sie damit sagen?
PREI: Darf ich Ihnen drei Tipps geben?

Im Konferenzzimmer, zehn Jahre zuvor:

Johann LAU macht den Versuch, auf die an Anton PREI gewährten Nachlässe zurückzukommen, aber der hält dagegen:
PREI: Wenn man sieht, wie sich unsere Geschäfte laufend entwickelt haben, ist es jetzt an der Zeit, dass sich meine Konditionen attraktiver gestalten: so halte ich beispielsweise einen Nachlass von 17 % anstelle von 15 % für angebracht, was bei der Auftragslage mit nur 2 % ins Gewicht fällt.

LAU: OK, einverstanden, aber wir hatten uns ja auf eine Zahlung in 30 Tagen geeinigt?

# Gesunder Menschenverstand, Raffinesse, Genauigkeit

## Erster Rat: Üben Sie sich im Umgang mit Zahlen!

Es ist eminent wichtig, hellhörig zu werden bei Zahlen und Rechenexempeln während des Verkaufsgesprächs.

Hier einige Stolperfallen:

1. Ein Preisnachlass von 15 auf 17 % käme welchem zusätzlichen Prozentsatz gleich?
   *Antwort:* 2,35 % (bei einem festgesetzten Preis von 100 Euro, ein zusätzlicher Nachlass von 2 Euro bei einem Nettoausgangspreis von 85 Euro).

2. Ich kaufe 100 Euro und verkaufe 125 Euro. Wie viel Prozent beträgt meine Gewinnspanne?
   *Antwort:* 20 % (die Gewinnspanne wird im Vergleich zum Verkaufspreis veranschlagt. Würde man den Preis um 20 % reduzieren, wäre der Verkaufspreis 100 Euro, und die Gewinnspanne würde auf 0 zurückgehen).

3. Mein Kunde will seine Aufträge um 30 % erhöhen. Ich kann nun entweder 5 % Abzug vom Umsatz gewähren oder 20 % vom zusätzlichen Umsatzvolumen. Was ist die richtige Entscheidung?
   Antwort: 20 % vom zusätzlichen Umsatz (nehmen wir

einen Nachlass von 6 Euro an, wenn der anfängliche Umsatz 100 Euro beträgt, sofern das Ziel 130 erreicht ist, wohingegen die 5 % auf das Ganze 6,50 Euro ausmachen).

## Zweiter Rat: Bringen Sie Abwechslung ins Spiel!

Einen Kunden an Preisnachlässe zu gewöhnen, kann mitunter äußerst riskant sein. Sogar ein guter Rabatt, etwa wie im Falle von Johann LAU 15 %, kann vom Kunden nach ein paar Aufträgen als „normal" empfunden werden. Somit ermuntert man natürlich den Kunden, noch mehr zu verlangen. Es gibt Unternehmen, die es in bemerkenswerter Weise geschafft haben, diese Art von Problem zu umgehen, indem sie „Abwechslung" ins Spiel brachten. Zum Beispiel hat sich ein Kosmetikunternehmen, das viermal im Jahr Apotheken aufsuchte, folgende Regel zu eigen gemacht:

Jedesmal bei seinem ersten Besuch im Jahr gewährt der Verkäufer einen Rabatt von 5 % bei gleichzeitigem Wegfall sonstiger Vergünstigungen. Bei seinem zweiten Besuch drei Monate später gibt der Verkäufer keinerlei Nachlass, aber dafür Gratisprodukte, die im Verhältnis allerdings einem solchen Nachlass für den Kunden gleichwertig sind. Wenn nun der Verkäufer dem Apotheker seinen dritten Besuch abstattet, wird er spezielle Boni in Form von Geschenken anstelle von Rabatten oder Gratisprodukten vorschlagen. Zum Ende des Jahres offeriert der Verkäufer schließlich einen besonderen Service, als Ausgleich für fehlende Rabatte oder sonstige materielle Vergütungen. Danach könnte man annehmen, dass die Kunden alle Vergünstigungen, die sie während des Jahres erhalten haben, auf einmal geltend machen. Tatsächlich wissen wir aber aus Erfahrung, dass gerade das Gegenteil der Fall ist. Wenn der Verkäufer ein Jahr später seinem Kunden ein neues Rabattangebot über 5 % macht, akzeptiert dieser viel schneller als Käufer, die an diesen Nachlass gewöhnt sind.

## Dritter Rat: Seien Sie genau!

Jede Unklarheit nützt dem Kunden ... und kann teuer werden.
Wie teuer kommt letztendlich die Differenz zwischen:

1. den Zahlungszielen „30 Tage netto" und „30 Tage zum Ende des Monats am 10., Wert 25."?
   *Antwort:* Ungefähr 62 Tage gegenüber 30, unter Annahme von 32 weiteren Tagen.

2. einem Nachlass von 25 %, der sich wie folgt zusammensetzt: ein Mengenrabatt von 20 %, Kundentreuerabatt über 5 %, im Vergleich zu einem Mengenrabatt von 20 %, dem ein Kundentreuerabatt über 5 % auf den Nettopreis hinzugefügt?
   *Antwort:* 1/75, angenommen sei eine Preisspanne von 1,33 %, die sich direkt auf die Gewinnspanne auswirkt.

### Eckpunkte zum Merken
Lernen Sie mit Zahlen umzugehen, und hören Sie bei Rechenexempeln Ihres Gesprächspartners aufmerksam zu. Wechseln Sie ab, und vermeiden Sie es, den Kunden immer in derselben Form zu begünstigen. Seien Sie genau, und vermeiden Sie jede Form von Unklarheit.

**Hier wieder ein paar hilfreiche Fragen:**
Welche verschiedenen Arten von Nachlässen oder Verkaufsvorteilen darf ich unter Berücksichtigung der Preisvorgaben in meiner Firma den Kunden anbieten? Welche der mir zu Gebote stehenden Möglichkeiten sind am günstigsten?

Was habe ich auf der Hinterhand, um abzuwechseln und den Kunden neuartige Vergünstigungen anzubieten, mit dem Ziel, sonstige in der Vergangenheit angebotene Vorteile abzulösen?

Wo, in welchen Bereichen muss ich sowohl in direkten Verhandlungen mit dem Kunden als auch bei schriftlichen Zusagen genauer werden?

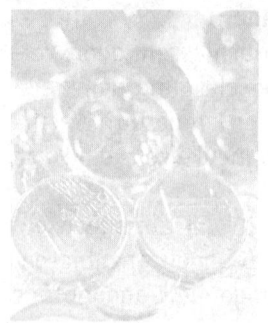

# Kapitel 5

# Das Kräfteverhältnis zwischen Käufer und Verkäufer

LAU: Unsere letzte Verhandlung hat sich besonders schwierig gestaltet ...
PREI (lachend): Für wen?
LAU: Für mich natürlich. Man muss klar sehen, dass ich, was das Kräfteverhältnis angeht, in der schlechteren Ausgangsposition war ...

Im Konferenzzimmer, zwei Wochen zuvor:

Herr LAU muss sein letztes Verhandlungsgespräch mit Herrn PREI führen, was für ihn in besonderem Maße wichtig ist, da dessen Eintritt in den Ruhestand unmittelbar bevorsteht. Für Johann LAU steht sehr viel auf dem Spiel, denn sollte er den Zuschlag für dieses Geschäft nicht erhalten, sind seine Aussichten, mit dem Nachfolger von Herrn PREI Geschäftsbeziehungen anzuknüpfen, von vornherein schlecht. Dann kommt noch hinzu, dass diese

Verhandlung unmittelbar in den Zeitraum vor Ende des Rechnungsjahres der Firma von Herrn LAU fällt.

LAU: Ich würde heute gerne zum Abschluss kommen ...

PREI: Ich kann nur wiederholen, auf keinen Fall zu irgendwelchen Konditionen. Vergessen Sie nicht, ich bin hier in der Region der wichtigste Kunde Ihrer Firma!

LAU: Das ist richtig, aber unser Angebot ist schon besonders günstig.

PREI: Günstig in Bezug auf was? Im Vergleich mit Ihren Konkurrenten auf keinen Fall ...

LAU: Trotzdem muss ich die Materialkosten mit einbeziehen ...

PREI: Ganz klar! Ich habe hier einen ganzen Ordner über die Selbstkostenentwicklung in Ihrer Branche. Ich hätte da übrigens gerne noch ein paar Erklärungen von Ihnen, da ich weiß, dass bestimmte Kostensenkungen in Ihren Verkaufspreisen bis jetzt noch nicht berücksichtigt worden sind ...

LAU: Das müssen wir sehen ...

PREI: Wenn ich Sie wäre, Herr Lau, würde ich mich mächtig anstrengen ... Überlegen Sie mal, als Präsident der Käufervereinigung unserer Berufsgruppe werde ich immer wieder von Kollegen nach einem geeigneten Zulieferer gefragt ...

LAU: Ich bin mir dessen schon bewusst, deshalb möchte ich ja heute auch eine Einigung erzielen, da ...

PREI: Ich verstehe, ich würde das Geschäft ebenso gerne zügig abschließen ... aber was uns angeht, haben wir es nicht so eilig. Es ist wohl das Beste, wenn ich die Angebote in aller Ruhe noch einmal durchgehe, oder vielleicht überlasse ich die Akte auch meinem Nachfolger ...

LAU (verkrampft): Ja, natürlich ...

PREI: Nun, Sie werden verstehen, sollten wir in dieser Sache nicht zum Zuge kommen, kann ich meinen Nachfolger nicht verpflichten, Sie in unser großes Projekt im kommenden Jahr mit einzubeziehen ...

Im Restaurant:

LAU: Unser letztes Treffen ist äußerst schwierig verlaufen. Ich musste Ihnen in hohem Maße entgegenkommen, um den Auftrag zu bekommen ...

PREI: Nun haben Sie ihn bekommen, das war doch Ihr Ziel ...

LAU: Ich habe ihn zu ungünstigen finanziellen Bedingungen an Land gezogen, aber das Kräfteverhältnis stand für mich ganz und gar nicht zum Besten ...

PREI: Finden Sie?

LAU: Jedenfalls haben Sie mir diesen Eindruck vermittelt (er hält einen Augenblick inne, um sich zu sammeln). Wie haben Sie das eigentlich geschafft?

PREI: Nun ja, wissen Sie, Johann, das Kräfteverhältnis in einer Verhandlung ergibt sich aus einer bestimmten Anzahl von Faktoren ...

LAU (neugierig): Faktoren?

PREI: Na klar, die „Machtfaktoren", die, je nach Lage der Dinge, entweder der Verkäufer in Händen hält oder eben der Käufer ...

LAU:... deshalb Kräfteverhältnis ...

PREI: Und die simple Devise des Käufers heißt „Druck machen", dem Verkäufer klar machen bzw. ihm einreden, dass er, der Käufer, alle Trümpfe in der Hand hält.

LAU: Zum Beispiel?

PREI: „Ich bin Ihr einträglichster Kunde hier in der Region": nennen wir das den Faktor GEWICHT. „Ihre Konkurrenten ...": nun, lassen Sie mich das als den Faktor AUSWAHL bezeichnen.

LAU: Aha, ich verstehe ... und der „Ordner über den Selbstkostenwert" stellt den Faktor INFORMATION dar?

PREI: ... genauso wie die „Einkaufsvereinigung" auf den Machtfaktor EINFLUSS abzielt ...

LAU: ... und „möglicherweise überlasse ich die Akte meinem Nachfolger" ist dann der Faktor ZEIT!

PREI: ... und um schließlich noch das große Projekt im kommenden Jahr zu erwähnen, dient diese Aussage dazu, um auf etwaige Folgen, je nach Ausgang des Gesprächs, hinzuweisen, ich nenne das den Faktor SANKTION ...

LAU: Mit einem Mal wird mir alles sehr klar. Es gibt sechs Faktoren, die das Kräfteverhältnis bestimmen ... und man muss sie nur sachlich und nüchtern analysieren, um das Gleichgewicht der Kräfte anwenden zu können und dementsprechend sein Angebot zu machen!

PREI: Man kann sogar noch ausgeklügelter vorgehen ...

LAU (enttäuscht): Ach?

PREI: Die Faktoren bringen die Macht zum Ausdruck ... aber das Kräfteverhältnis ist natürlich auch eine Frage des Wollens und vor allem des „gewusst, wie" ...

LAU: Das müssen Sie mir erklären ...

Beim Prüfen des Kräfteverhältnisses zwischen Käufer und Verkäufer geht man von drei Analysestufen aus. Tatsächlich ergibt sich die Stärke eines Verhandlungspartners aus drei Faktoren:

- einerseits ist das seine „objektive" Verhandlungsfähigkeit, die mit der Stellung der „sechs Faktoren" verknüpft ist, was Herr LAU ja gerade herausgefunden hat;
- andererseits die Bereitschaft, diese Fähigkeit zu nutzen oder eben nicht;

- und schließlich die persönliche Begabung des Verhandelnden, diese Fähigkeit für sich auszuschlachten.

Um also diese drei Elemente zu analysieren, müssen wir die wirklichen Stärken des Kunden erkennen. Im nächsten Kapitel erfahren wir, wie wir darauf reagieren können, um das Kräfteverhältnis zu unseren Gunsten umzukehren.

# Was sind die wirklichen Trümpfe des Kunden?

Die eigentlichen Trümpfe während des Verkaufsgesprächs bilden die sechs „Machtfaktoren". Sie sind eine objektive Größe strategischer Natur, auf die wir kaum Einfluss nehmen können. Es ist sogar nötig, diese Faktoren während einer Verhandlung zu analysieren, um sie bei der Einschätzung, wie weit man in seinen Forderungen gehen darf, mit einzubeziehen.

Laut Fisher und Ury vom Harvard Negotiation Project beruht die tatsächliche Stärke eines jeden Verhandlungspartners nahezu einzig und allein auf der Qualität seiner BATNA (Best Alternative To a Negotiated Agreement), mit anderen Worten: die Kunst, wie man sich im Falle eines Misserfolgs am Verhandlungstisch noch einigermaßen schadlos halten kann. Alles andere ist Nebensache. Es lassen sich für den Kunden sechs strategische Machtfaktoren ausmachen:

**Das Gewicht als Machtfaktor**
Der Kunde verfügt über eine echte Trumpfkarte, wenn seine Käufe einen nicht unerheblichen Teil des Absatzvolumens des Verkäufers ausmachen. Diese Größe kommt

um so mehr ins Spiel, als die Kostenstruktur des Lieferanten einen erheblichen Teil von fixen Kosten umfasst.

**Kundenanteil bezüglich des Absatzvolumens des Lieferanten**

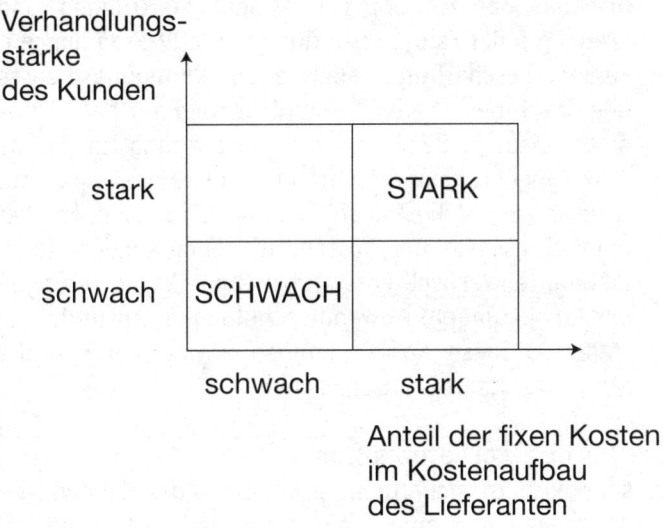

Verhandlungs-
stärke
des Kunden

stark STARK

schwach SCHWACH

schwach stark

Anteil der fixen Kosten
im Kostenaufbau
des Lieferanten

**Die Auswahl als Machtfaktor**
Es verhält sich genau so, wie es Roger Fisher und William Ury aufgezeigt haben: Derjenige macht in einer Verhandlung das Rennen, der über die bessere BATNA verfügt – anders ausgedrückt, die Fähigkeit, aus einem Misserfolg noch das Beste herauszuholen. Tatsächlich verfügt der Kunde über eine bedeutende Stärke, wenn es ihm gelingt, mit Leichtigkeit ein Produkt oder einen Service zu ergattern, gleichwertig mit den Vorschlägen des Lieferanten. Die Gründe hierfür können sein:

- weil die Produkte, um die es geht, einheitlich oder standardisiert sind (so hat man die Auswirkungen der Standardisierung der Hardware auf die Preise und die Rentabilität der wichtigsten Hersteller gesehen);
- weil der Kunde selbst die Möglichkeit hat, dieses Produkt herzustellen bzw. die Serviceleistung zu erbringen: das ist bei vielen Serviceleistungen und Produkten der Fall (Entwicklung von EDV-Programmen, Personalbeschaffung, aber auch Reinigungsdienste oder Wartungsarbeiten), hauptsächlich auf dem Automobilsektor in Bezug auf die Teilfertigung für fremde Auftraggeber. Dieser Machtfaktor Auswahl ist indes nur wirksam, wenn die Transferkosten niedrig sind. Hierbei handelt es sich um Kosten, die dem Kunden durch Lieferantenwechsel entstanden sind: Verbesserungen der Ausrüstungen, Anwenderschulungen, Ausbildungstrend ... Diese Kosten können anwachsen und die Stärke des Käufers abschwächen.

**Der Machtfaktor Information**
Dieser Faktor ist sicherlich auf der Seite des Kunden, der bestens über die Erzeugnisse und den Markt informiert ist. Die Information betrifft beispielsweise:
- die Stärken und Schwächen eines jeden möglichen Lieferanten in Bezug auf den Stand der Technik;
- die Marktpreise;
- die momentanen Engpässe jedes Lieferanten.

**Der Machtfaktor Einfluss**
Bestimmte Kunden verfügen über einen gewissen Einfluss: das kann im Rahmen ihrer Tätigkeit sein, und vor allem gegenüber dem Endverbraucher, etwa bei Handelsunternehmen.

**64**

## Der Machtfaktor Zeit

Der Kunde, der sich ausreichend Zeit nehmen kann, um alle Möglichkeiten durchzuspielen, d.h. die Verhandlung abzubrechen, neue Lösungswege zu suchen ... verfügt über eine beachtliche Stärke. Wenn Sie in einer Verhandlung vor einem bestimmten Termin zum Abschluss kommen müssen, braucht Ihr Gegenspieler nur abzuwarten ...

## Der Machtfaktor Sanktion

Der Kunde, der gegenüber dem Lieferanten über Druckmittel verfügt, hat eine bessere Ausgangsposition. Dies kann sich positiv auswirken, etwa durch die Erschließung neuer Absatzmärkte, oder aber negativ, durch Zurückhalten einer Rechnung, Stornierung eines Auftrags ... mittels dieser Analyse lassen sich die Verkaufsstrategien der großen Konzerne durchleuchten. Diese Strategien zielen in erster Linie darauf ab:

- die Anzahl der Lieferanten zu begrenzen (Machtfaktor Gewicht);
- nachzuforschen, zu beobachten, wie neue Versorgungsquellen auf den Plan gerufen werden (Machtfaktor Auswahl);
- die Vereinheitlichung der Produkte voranzutreiben (Machtfaktor Auswahl);
- sich niemals nur auf einen einzigen Lieferanten zu verlassen (Machtfaktoren Auswahl, Information und Sanktion);
- so viele Angaben wie möglich zu sammeln (Verkäufer empfangen, an Messen teilnehmen ... ) (Machtfaktor Information).

## Die Bereitschaft des Kunden, seine Trümpfe auszuspielen

In den folgenden Situationen zeigt der Kunde absolute Bereitschaft, seine Macht auszuüben:

- Das erworbene Produkt hat einen entscheidenden Anteil an den Kundenkosten.
- Die Produktauswahl hat für den Kunden keine strategische Bedeutung.

Wenn man nun diese beiden Faktoren verbindet, bekommt man eine klare Vorstellung von der Transparenz der voraussichtlichen Kaufstrategie:

## Strategische Bedeutung des Produkts für den Kunden

|  | stark | schwach |
|---|---|---|
| **stark**<br><br>**Produkt-<br>anteil<br>in den<br>Kunden-<br>kosten**<br><br>**schwach** | A<br>strategische Entschei-<br>dungen, Kompromiss:<br>Druck ausüben auf<br>den Preis, Suche<br>nach Sicherheit | B<br>Maximalen Druck auf<br>die Preise ausüben |
| | C<br>wenig Druck auf die<br>Preise, Suche nach<br>Qualität und Sicher-<br>heit | D<br>Kauf wird delegiert |

1. *Man kann eine identische Schautafel für denjenigen erstellen, an den delegiert wird.*

Hier seien einige Produkte aufgeführt, die aus verkaufs-strategischen Gesichtspunkten bedeutsam sind:

- Produkte, deren Fehlen zu beträchtlichen Verlusten führen könnte ( z.B. bestimmte Kontrollgeräte);
- Produkte, die beachtliche Einsparungen erlauben (Geräte zum Auffinden von Erdölvorkommen);
- Produkte, die in hohem Maße gewinnbringend sind (Beratungsdienste hinsichtlich Anschaffungen);
- Produkte, die auf die Qualität oder das Image des Kundenprodukts Einfluss nehmen ( z.B. ein anfälliges Teil eines Automotors).

Was glauben Sie, wie würde Ihr Kunde, ausgehend von dieser Matrix, seine Verkaufsverhandlungen führen?

*2. Der Kunde hat eine geringe Rentabilität.*
Es ist paradox: Man könnte meinen, eine Firma sei rentabel, gerade weil sie günstiger einkauft! Aber Studien beweisen, dass die wirtschaftlichsten Firmen die Philosophie vertreten, teurer zu kaufen, bei gleichen Produkten.

*3. Der Entscheidungsträger im Einkauf konzentriert sich auf den Ertrag.*
Ein professioneller Einkäufer wie auch Chefs von klein- und mittelständischen Betrieben haben oft ein ganz anderes Gespür für Preise als jemand, der für die Produktion verantwortlich ist oder dem die EDV untersteht, da hier die Qualität im Vordergrund steht.

*4. Der Entscheidungsträger ist absolut bestrebt, seine Preisvorstellungen und Kaufbedingungen durchzusetzen:*
vielleicht aufgrund seiner persönlichen Veranlagung, oder er hat sich dieses Ziel gesetzt, um sich selbst oder aber gegenüber seiner Firma etwas zu beweisen.

## Die persönliche Fähigkeit des Kunden, seine Trümpfe optimal einzusetzen

Die eigentliche „Stärke" des Kunden kommt in den folgenden Situationen ganz besonders zum Tragen:

*1. Der Kunde kann gut überzeugen,*
Im Verlauf einer Verhandlung, wo es um Preise geht, um Verkaufsbedingungen, muss auch der Käufer selbst imstande sein, dem Verkäufer das Geschäft zu „verkaufen":

durch geschickte Argumente manövriert er seinen Gesprächspartner in die Richtung, wo er ihn haben will – nämlich in Richtung Zugeständnisse. Die charismatische Fähigkeit zu überzeugen, ist hier der Schlüssel zum Erfolg.

*2. Der Kunde ist sehr glaubwürdig.*
Persönliche Attribute: seine Aussagen, Warnungen, (vertraulichen) Mitteilungen, seine Androhungen werden ernst genommen.

Was seine Standpunkte betrifft: Man wird seine Glaubwürdigkeit noch höher einschätzen, wenn es ihm gelingt, seine Forderungen als berechtigt zu „verkaufen". Die Durchsetzung einer Forderung hängt unter anderem von der Übereinstimmung mit den geltenden Gesetzen ab und von der Logik ... Der erfolgreiche Käufer vergrößert seine Stärke, wenn es ihm gelingt, seine Standpunkte als allgemein üblich darzustellen: indem er sich beispielsweise auf die „allgemeinen Einkaufsbedingungen" beruft, wie sie überall schwarz auf weiß gedruckt nachzulesen sind.

*3. Der Kunde beherrscht die Verhandlungskniffe beim Kauf.*
Immer mehr Einkäufer, aber auch Angestellte, die andere Funktionen innerhalb der Firma bekleiden, nehmen an Einkaufsseminaren teil. Selbstverständlich drückt sich der Erfolg solcher Seminare zum großen Teil durch den Nutzen aus, den sie den Teilnehmern bringen ...

*4. Der Kunde hat ein gutes Einschätzungsvermögen, wenn es darum geht, Risiken einzukalkulieren.*
Es gibt Kaufentscheidungen, die Risiken in sich bergen: zum Mindestangebot kaufen, Wechsel des Lieferanten, einem Lieferanten vertrauen, der neu auf dem Markt ist ... Solche Entscheidungen können dem Kunden Unwägbarkei-

ten verschiedener Art bescheren: Qualitätsunterschiede, mangelhafte Zuverlässigkeit, schlechten Kundendienst, verspätete Lieferungen, Streitigkeiten wegen Rechnungen ...

Die Fähigkeit des Käufers sowie der Firma, für die er tätig ist, Risiken auf sich zu nehmen und richtig einzuschätzen, erhöht in hohem Maße seine Verhandlungsstärke. Man kann also die angestellten Überlegungen, inwieweit der Kunde Trümpfe ausspielen kann, wie folgt zusammenfassen:

| Eigentliche Verhandlungsstärke des Kunden | Bereitschaft, diese Stärke auch umzusetzen | Persönliche Fähigkeit, diese Stärke optimal einzusetzen |
|---|---|---|
| Strategische und objektive Faktoren | | Persönliche und subjektive Faktoren |
| • Gewicht<br>• Auswahl<br>• Information<br>• Einfluss<br>• Zeit<br>• Sanktion | • Kosten<br>• Fehlen von strategischer Bedeutung<br>• Funktion des Entscheidungsträgers | • Überzeugungskraft<br>• Glaubwürdigkeit<br>• Techniken/ Kniffe<br>• Persönlicher Einsatz<br>• Risikobereitschaft |

# Wie kann man der Macht des Kunden begegnen und das Kräfteverhältnis umkehren?

Zunächst einmal, indem man drei Feststellungen mit einbezieht:

Die Macht, auf die es ankommt, ist nicht die tatsächliche, sondern die erkennbare und vom Gegenüber wahrnehmbare Macht.

In einer Verhandlung zeigt jeder seine Stärken und ist bestrebt, seine Schwächen und Ängste zu verbergen. Also muss man unterscheiden: die Stärke, die effektiv zum Tragen kommt, und die vorhandene Stärke an sich. Es zählt allerdings einzig und allein die Stärke, die erkennbar zum Einsatz gelangt ...

Trumpfkarte des Käufers: Der Käufer muss zum Beispiel den Auftrag recht zügig vergeben, meine Konkurrenz kann das gewünschte Modell nicht liefern. Wenn ich nun diese Lage nicht berücksichtige, obwohl der Käufer eine objektiv schlechte Ausgangsbasis hat, ergibt sich das Ergebnis der Verhandlung am Ende aus der Stärke des Kunden, in dem Maße, wie ich sie wahrnehme.

Trumpfkarte des Verkäufers: Wenn ich der Überzeugung bin, dass ich nichts ausrichten kann, mache ich auch keine Anstrengungen. Wenn ich der Meinung bin, dass „ich nicht der Hauptlieferant bin, bin ich wohl gezwungen, einen Nachlass von 20 % zu gewähren", somit bin ich nicht der Hauptlieferant und lasse mindestens 20 % nach. Wie hat doch Henry Ford treffend bemerkt: „Ob Sie nun denken, Sie seien oben oder unten, Sie haben recht".

## Man spielt mit der Macht

Zum Beispiel: der Käufer, der sich weigert, eine Rechnung zu bezahlen, solange noch ein strittiger Punkt offen ist, der Lieferant, der sich die Antwort vorbehält in Bezug auf eine eilige Lieferung ... Wie jeder weiß, muss man dann verhandeln, wenn die Lage günstig ist. Das folgende Beispiel veranschaulicht dies deutlich.

Ein Betriebsingenieur eines Ingenieurbüros, der für die EDV zuständig war, hatte beinahe ein ganzes Jahr lang wegen eines Vertrags mit einem Industrieunternehmen in Verhandlungen gestanden. Nach allerlei Rückschlägen und schwierigen Gesprächen über den Preis verkündete ihm der Käufer, dass sein Vorschlag berücksichtigt worden sei. Er werde in den nächsten Tagen einen ordnungsgemäßen Vertrag erhalten, ausgearbeitet von der Rechtsabteilung des Kunden. Der Käufer wiegte den Verkäufer in Sicherheit, indem er ausführte, dass diese Formalität sehr rasch über die Bühne gehen würde, da der Beginn der Arbeiten unmittelbar anstünde. Der Lieferant erhielt in der Tat einen detaillierten Vertrag, den er aufmerksam studierte. Er schlug zwei Änderungen vor, die von dem Kunden akzeptiert wurden. Der Käufer schickte also dem Verkäufer einen endgültigen Vertrag in zweifacher Ausfertigung zurück und bat, schnellstens zu unterzeichnen, damit die Arbeiten ohne weitere Verzögerung beginnen könnten. Der Betriebsingenieur ließ die beiden Exemplare von seinem Generaldirektor unterzeichnen und sandte diese beiden Ausfertigungen an den Käufer zur Unterschrift zurück. Der Käufer forderte ihn nun auf, unverzüglich mit den Arbeiten zu beginnen, da die Unterschrift und die Rücksendung des Vertrages doch nur noch reine Formsache wären.

Einige Tage nach Aufnahme der Arbeiten war der Betriebsingenieur beunruhigt über das Fehlen des Vertrags im Posteingang. Als er den Käufer schließlich telefonisch erreichte, zeigte sich dieser äußerst verlegen: „Natürlich bekommen Sie den Vertrag ... Da gibt es nur ein kleines Problem, unser Generaldirektor hat verlangt, dass die Vereinbarungen erst in sechs Monaten wirksam werden und nicht in dem von uns festgesetzten Zeitraum ...“

Der Betriebsingenieur erbleichte: „Das ist unannehmbar“, stieß er mutlos aus, „Sie selbst haben den Vertrag aufgesetzt, Sie haben mich gebeten, zu unterzeichnen, Sie haben mich gebeten, mit den Arbeiten zu beginnen, und heute möchten Sie die Spielregeln über den Haufen werfen? Das geht nicht.“ Der Käufer tat ernstlich beunruhigt: „Ich verstehe Ihre Reaktion voll und ganz ... Ich sehe mich genau wie Sie vor vollendete Tatsachen gestellt ...“ „Wie auch immer, das ist unannehmbar“, wiederholte der Verkäufer. Der Käufer gab in ruhigem Ton zu verstehen: „Ich muss Sie darauf hinweisen, dass sich unser Generaldirektor klar ausgesprochen hat: Er ist bereit, alles zu annullieren und die Verhandlungen bei Null wieder aufzunehmen, wenn Sie die Zahlungsbedingungen nicht akzeptieren. Überlegen Sie sich das gut ... .“

Der Betriebsingenieur nahm an, um in der Tat „darüber nachzudenken“, und legte wütend den Hörer auf. Er fasste die Situation zusammen: Er hatte nun beinahe ein ganzes Jahr über Verhandlungen geführt, eine Einigung erzielt in allen Punkten des Vertrages, die Arbeiten im Glauben an die Zusagen des Käufers begonnen und fand sich nun vor einem „Entweder – Oder“, noch dazu ohne Vertrag und ohne die Möglichkeit, einen Kompromiss auszuhandeln. Nach einigen Minuten rief er den Käufer zurück: „Wenn ich so darüber nachdenke, bin ich mit Ihrem neuen Vorschlag einverstanden."

Der Käufer zeigte sich erleichtert. Der Betriebsingenieur fuhr fort: „Das einfachste wird sein, Sie schicken die beiden Exemplare des Vertrages, unterzeichnet mit den Änderungen, die Sie gerne einfügen möchten. Entweder wir akzeptieren, oder wir geben Ihnen anderweitig Bescheid ..."

Tags darauf erhielt er den unterzeichneten Vertrag. Jetzt konnte er sich der Mitarbeit des Kunden sicher sein. Er rief den Käufer an und teilte ihm Folgendes mit: „Da Sie die Zahlungen um sechs Monate aufschieben, machen wir nun bezüglich der Arbeiten das gleiche." Der Käufer beteuerte: „Aber wir sind sehr in Eile ... Das können Sie nicht machen!" Das Rennen war gewonnen, der Betriebsingenieur hatte einfach das Kräfteverhältnis ins Gegenteil gekehrt.

## Jeder Sachzwang des Käufers stärkt die Position des Verkäufers

Die sechs wichtigen Machtfaktoren des Käufers – Gewicht, Auswahl, Information, Einfluss, Zeit und Sanktion – können natürlich auch dem Verkäufer zugute kommen. Das sind die „Faktoren", die sich je nach Lage der Dinge auf der Käuferseite oder auf der Verkäuferseite manifestieren. Das Kräfteverhältnis umkehren heißt, sich die Sachzwänge des Gegenspielers zunutze machen. In der Realität sind jedoch nur selten alle Faktoren auf der Käuferseite!

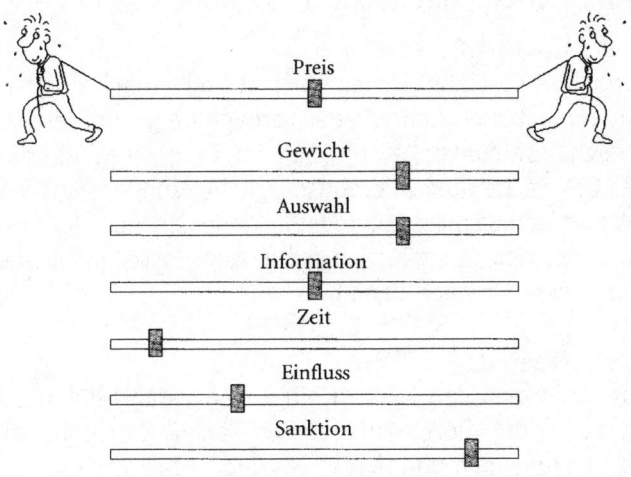

## Eckpunkte zum Merken

Das Kräfteverhältnis zwischen Käufer und Verkäufer ermittelt sich an Hand von sechs Faktoren: Gewicht, Auswahl, Information, Einfluss, Zeit, Sanktion.

Entsprechend der Stellung des Gesprächspartners innerhalb der Firma kann man dessen Bereitschaft vorausahnen, seine Trümpfe auszuspielen.

Das Kräfteverhältnis ins Gegenteil kehren heißt, die Sachzwänge des Gegenübers zum Ausgangspunkt zu machen.

Hier wieder ein paar nützliche Fragen an Sie. Darunter finden Sie einige gedankliche Anhaltspunkte, mit dem Ziel, die „Machtfaktoren zu verschieben", im Rahmen einer schwierigen Verhandlung.

# Die „eigentliche Macht" des Kunden verringern

## 1. Das Gewicht des Kunden

Bin ich in psychologischer Hinsicht und wirtschaftlich auf einen möglichen Abbruch der Verhandlungen vorbereitet?

Schlüsselpunkte: Wenn man im Falle eines Abbruchs der Gespräche über Rückzugsmöglichkeiten verfügt, kann man entschiedener verhandeln. Wenn ich den Gedanken an einen Abbruch gänzlich außer Acht lasse, in welchem Maße lasse ich mich dann drücken?

## 2. Die Auswahl

Wie kann man den Kunden ein wenig daran hindern, die Chancen, die dieser mit seinem Machtfaktor „Auswahl" hat, zu erkennen und richtig auszuloten?

Worin besteht die beste Möglichkeit des Kunden, sich im Falle eines Gesprächsabbruchs zurückzuziehen?

Wie kann man beim Kunden Zweifel aufkommen lassen über die Gleichwertigkeit von Konkurrenzprodukten oder -diensten am Markt?

Wie kann man die negativen Folgen, die aus der Wahl einer solchen Lösung entstehen, dramatisieren?

Wenn ich momentan die Rolle des Hauptlieferanten innehabe:

- Wie hoch sind die voraussichtlichen Transferkosten?
- Wie lassen sich Transferkosten schaffen, die man dem Kunden belasten kann?
- Wie kann ich meinen eigenen Machtfaktor Auswahl vergrößern?

Gleichzeitige Gespräche mit anderen Kunden (bei einzigartigen Produkten: Immobilien, Antiquitäten ..., immer

eine Alternativlösung parat haben, bevor man in die Endphase der Verhandlung kommt)?
Andere Mittel?

### 3. Die Information
Hier darf die Frage nicht lauten: „Welche Infos gebe ich?", sondern sie muss lauten: „Welche Infos bekomme ich?"
Welche Informationen darf man nicht hergeben (z. B.: einen dringenden Bedarf an Aufträgen, eine Verminderung der Produktionskosten ...)?

### 4. Der Einfluss
Welche Personen können den Entscheidungsträger, der letztlich bestimmt, beeinflussen?
Wie kann man auf diese Personen einwirken?

### 5. Die Zeit
Was sind die Sachzwänge des Käufers in Bezug auf Fristen?
Wie sieht die Situation bei mir aus?
Wenn die Zeit auf meiner Seite ist: Welche Methoden sind geeignet, um den Druck zu verstärken (z. B.: „Ich muss erst das Okay meiner Direktion einholen, was etwa 10 Tage in Anspruch nimmt", „Ich benötige diese Information von der Zentrale, dann bin ich in der Lage ...", „Wir könnten vielleicht diese Spezifikation abändern, aber dafür müssen unsere Ingenieure zunächst die Folgen analysieren ...")? Extrembeispiel: der „geplante Boykott" (sofern man kein unsinniges Risiko eingeht).
Wenn die Zeit zugunsten des Käufers läuft: Welche Methoden sind angebracht, um den Druck auf mich abzuschwächen (betriebsinterne Verhandlungen)?
Wie kann man den Käufer unter Druck setzen (z. B. ein Angebot von begrenzter Zeitdauer aufstellen)?

*6. Die Sanktion*
Wie kann ich selbst auf den Kunden Druck ausüben, um dessen Bereitschaft zu dämpfen, seine Macht auszuüben?

*7. Die strategische Bedeutung des Kaufs für den Kunden*
Wie kann man den Kunden für die möglichen Folgen eines Missgriffs sensibilisieren?

*8. Die Funktion des Entscheidungsträgers*
Wie kann ich andere Beteiligte, die sich nicht so sehr auf den Preis konzentrieren, auf den Entscheidungsträger einwirken lassen?

Wie kann ich dem Entscheidungsträger behilflich sein, damit er das Verhandlungsergebnis in seiner Firma positiv darstellen kann, sodass es ihn in den Augen seiner Kollegen aufwertet?

*9. Der feste Wille, das Ziel zu erreichen*
Habe ich die Ziele klar und deutlich bestimmt?

Bin ich davon überzeugt, dass diese Ziele realistisch sind?

Bin ich „engagiert" genug, um sie zu erreichen (habe ich sie niedergeschrieben, ausformuliert)?

**Zur Entwicklung Ihrer persönlichen Fähigkeit, Ihre Stärke optimal einzusetzen:**
*10. Die Fähigkeit zu überzeugen*
Auf Seiten des Kunden: Bin ich entschlossen genug, vom Kunden greifbare Tatsachen zu fordern, die seine Argumente untermauern bzw. seine Zusagen stützen („Diesem Geschäft werden viele andere folgen ...")?

Auf meiner Seite: Habe auch ich mir eine „Verkaufstechnik" angeeignet und sie weiterentwickelt, und beherrsche ich sie perfekt?

*11. Die persönliche Glaubwürdigkeit*
Wie kann ich gegenüber dem Kunden in hohem Maße glaubwürdig wirken? Man unterscheidet drei Begriffe von Glaubwürdigkeit:

- die persönliche Glaubwürdigkeit des Verhandlungspartners,
- die Glaubwürdigkeit des Unternehmens,
- die Glaubwürdigkeit des Angebots.

Der letzte Punkt ist besonders wichtig, denn ein überzeugter Käufer versucht fast immer, die Gültigkeit bestimmter Einzelpunkte des Angebots in Zweifel zu ziehen, um die Position des Verkäufers zwecks Zugeständnissen zu schwächen. Nun hat aber der Lieferant zahlreiche Mittel an der Hand, um seine Glaubwürdigkeit unter Beweis zu stellen:

- statistische Angaben: es gilt, dem Kunden Zahlen, Graphiken, Tabellen zu unterbreiten, damit er sieht, dass wir wissen, wovon wir reden;
- Presseartikel;
- unterstützende Darstellungen: Folien, Dias, Videokassetten;
- Standardverträge: ein solcher Vertrag zeigt dem Kunden, dass wir alle Komponenten mit einbeziehen, die das Dossier beinhaltet ... und schafft gleichzeitig einen Ausgangspunkt für die Verhandlung;
- Aufgedruckter Tarif: macht das Preisangebot glaubwürdig, besonders wenn der Leistungspreis oder Nebenerzeugnisse aufgeschlüsselt sind; auf diese Weise akzeptiert der Käufer die Zahlung;

- Hinweise auf die Gesetzgebung oder die Reglementierung in dem jeweiligen Erwerbszweig (Beispiel: „Diese Metallstärke entspricht der amerikanischen Norm XZ325, die sich demnächst auch in Europa durchsetzt");
- genaue Angaben über frühere Akten (im Rahmen des Geschäftsgeheimnisses): „Bei unserem Geschäft in Frankfurt haben wir uns für einen Zahlungsmodus entschieden, der ... beinhaltete".

Zu guter Letzt, um dieses Kapitel abzuschließen, zwei Ratschläge bezüglich der „Rechtmäßigkeit" während der Verhandlung:

Bringen Sie alle Argumente vor, die Ihren Standpunkt in unterstützender Weise rechtfertigen.

Stellen Sie umgekehrt die „Rechtmäßigkeit" der Argumente des Kunden in Frage („Das ist ein Unterschied, da es einen Sonderfall betrifft ...").

# Zweiter Teil

# Beherrschen Sie die fünf Goldenen Regeln, um gewinnbringend zu verhandeln

*Es ist besser, bei einem guten Geschäft Konkurrenten zu haben, als bei einem schlechten ohne Konkurrenten allein dazustehen.*

Tristan Bernard

Warum „Fünf Goldene Regeln"? Zunächst deshalb, weil sich eine Geschäftsverhandlung innerhalb weniger Augenblicke erledigen kann und weil dem Verhandelnden einfache Mittel zur Verfügung stehen müssen, die er direkt anwenden kann. Außerdem, weil diese Grundprinzipien unverzichtbar sind, sei es bei der Gesprächsvorbereitung oder in der direkten Auseinandersetzung mit dem Käufer. Und schließlich deshalb, weil 95 % aller unbefriedigenden Verhandlungsergebnisse beim Verkauf auf die Nichtbeachtung einer der fünf unabdingbaren Regeln zurückzuführen sind.

# Kapitel 6

# Ziele und Höhe der Forderungen zu Beginn einer Verhandlung

LAU: Sie haben immer sehr hohe Forderungen gestellt ...
PREI: Und wenn die Forderung der erste Trumpf des Verhandelnden wäre?

Im Büro von Anton PREI, zwei Jahre zuvor:

Wir haben November, und wie jedes Jahr finden in der Firma von Johann LAU turnusgemäß Gespräche über Preiserhöhungen statt. Jedes Jahr um die gleiche Zeit kündigt das Unternehmen auf postalischem Wege seinen Kunden eine Erhöhung der Preise an mit Wirkung vom 1. Januar. Johann LAU hat nun die Aufgabe, seine Kunden aufzusuchen und den Aufschlag auszuhandeln, denn es ist unausbleiblich, dass die Kunden die per Post angekündigte Erhöhung so nicht hinnehmen, die sie ohnehin für überzogen, um nicht zu sagen „lachhaft" oder „unverschämt" halten. Genau in diesem Jahr nehmen die geschäftlichen Beziehungen von Johann LAU und Anton

PREI ihren Anfang. LAU weiß nur zu gut, dass PREI über den Markt und die Selbstkostenentwicklung seiner Lieferanten ganz genau Bescheid weiß. Außerdem waren die Diskussionen um die Preiserhöhungen sehr ermüdend und schwierig. Der Verkaufsdirektor von Johann hatte in seinem Brief einen Aufschlag von 4 % angekündigt. Die Reaktion von Anton PREI war durchweg negativ, und als unmittelbare Folge hatte er Johann kommen lassen. Er hatte sich gegen jede Erhöhung über 1 % ausgesprochen! Außerdem waren mehrstündige Verhandlungen vonnöten einschließlich zweier Besuche, um sich schließlich auf 2,5 % zu einigen, genau wie Johann vorausgesehen hatte. In diesem Jahr würde Johann anders an die Gespräche herangehen: es ist doch vollkommen unnütz bei einer solch feindseligen Atmosphäre, Stunden und aber Stunden mit „Feilschen" zu verbringen, nur damit man sich zum Schluss „auf halbem Wege entgegenkommt". Daher tritt Johann denn auch zuversichtlich in das Büro von Anton PREI, obwohl dieser ihn recht kühl empfängt.

PREI: Ich habe den Eindruck, Ihr Verkaufsdirektor lebt in Wolkenkuckucksheim ... Jedes Jahr bildet er sich ein, mir 4 % Aufschlag offerieren zu können, und das bei einer immer stärker auftretenden Konkurrenz! Ist er sich darüber nicht im Klaren, oder hat er einen außergewöhnlichen Sinn für Humor?

LAU: Er ist sich ganz und gar über die Marktlage im Klaren ... und, nun ja, Sie wissen doch, seine Briefe sind sozusagen „standardmäßig" und berücksichtigen nicht unbedingt, wie viel Geschäfte wir mit welchem Kunden machen ...

PREI (sichtlich erleichtert): Ach so!

LAU: Ach übrigens, was nächstes Jahr angeht, hätte ich Ihnen da einen Vorschlag zu machen: Verlieren wir keine

**84**

Zeit mit fruchtloser Feilscherei ... ich schlage Ihnen eine reelle Preiskorrektur vor, die Ihrem Auftragsvolumen sowie unseren Geschäftsbeziehungen gerecht wird – und dass wir es dann auch dabei belassen.

PREI: Lassen Sie mal hören!

LAU: Ich denke, wenn es realistisch sein soll, sind 2,5 % das Mindeste, was man ins Auge fassen muss. Ich habe nun von mir aus die Initiative ergriffen und Ihnen gleich zu Beginn diesen Vorschlag gemacht, und Sie werden einsehen, dass ich Ihnen nicht mehr entgegenkommen kann.

PREI (frostig): Das ist inakzeptabel.

LAU (fassungslos): Aber ...

PREI: Reden wir doch mal ernsthaft, Herr LAU! Mir flattern jede Woche Angebote von Konkurrenten aus allen Ländern ins Haus: Italien, Portugal, Taiwan ... zu Konditionen, die wesentlich günstiger sind als das, was Sie mir hier anbieten, ganz zu schweigen von einer Preiserhöhung!

Johann LAU versucht, standhaft zu bleiben: Den Portugiesen fehlt es diesbezüglich an Erfahrung, die Italiener stehen im Ruf, weniger zuverlässig zu sein, die Lieferanten aus Taiwan können nicht die gleichen Haftungsbedingungen beim Kundendienst garantieren wie die Fabrikanten aus dem europäischen Raum ... Anton PREI schüttelt ablehnend den Kopf.

PREI: Das entspricht immer weniger den Tatsachen, Herr Lau ... Sie müssen sich dem Markt anpassen.

LAU: Genau das machen wir Tag für Tag!

PREI: Was mich angeht, würde ich schon gerne weiter mit Ihnen zusammenarbeiten, aber nicht zu irgendwelchen Bedingungen. Um Ihnen entgegenzukommen, stimme ich einer Erhöhung von 0,5 % zum 1. Januar zu. Und sollte es die Konjunktur erlauben, weiteren 0,5 % im Juli, aber darauf möchte ich mich jetzt noch nicht festlegen.

Johann LAU ist blass geworden. Im Klartext heißt das, er wird weitere vier Mal kommen müssen, um 1 % zum 1. Januar durchzusetzen und 0,5 % zum 1. Juli.

Im Restaurant ...

LAU: An diesem Tag haben Sie mich ganz schön geknebelt!
PREI: Nein, Johann, Sie haben sich ganz allein selbst geknebelt.
LAU: Ich habe einen Kompromiss gewollt ...
PREI: Eine Verhandlung endet schließlich immer mit einem Kompromiss. Und aus diesem einfachen Grund darf man niemals mit einem Kompromiss beginnen.
LAU: Wollen Sie damit behaupten, dass man nur Erfolg haben kann, wenn man zu Beginn eine höhere Forderung stellt?

# Goldene Regel Nr. 1: Trau dich, mit einer hohen Forderung einzusteigen

Hier sollen nicht etwa die Techniken der Teppichhändler in den orientalischen Basaren umgesetzt werden, vielmehr geht es darum, sich einen Verhandlungsspielraum zu verschaffen, gewissermaßen eine ausreichende Reserve, um nicht mit dem Rücken zur Wand zu stehen.

Ganz klar, die „Latte" hoch zu setzen, birgt ein Risiko, das genau abgewogen sein will. Harvard-Studien haben übrigens gezeigt, dass die Fähigkeit, gewisse Risiken einzukalkulieren, ein Attribut ist, das allen Top-Geschäftsleuten gemein ist.

Andere Untersuchungen, besonders an südkalifornischen Universitäten, bestätigen, dass der Erfolg eines Verhandelnden wesentlich davon abhängt, wie hoch seine Forderungen zu Verhandlungsbeginn sind: verlangt ist das Höchstmögliche innerhalb der Grenzen des Marktes – und der Glaubwürdigkeit. Konkret lässt sich die Anwendung der ersten Goldenen Regel in fünf Schritten nahe bringen:

- Kreisen Sie das Gebiet ein: alle Faktoren des Angebots!
- Ordnen Sie die Einsätze nach Wichtigkeit!
- Definieren Sie Ihre Ziele klar!
- Machen Sie deutlich, welche Bereiche „unantastbar" sind!
- Legen Sie bei Verhandlungsbeginn die Einstiegshöhe Ihrer Forderungen fest!

## Erster Schritt: Einkreisen des Gebiets

Das heißt, alle Angebotsfaktoren zu erkennen:

- technische Aspekte: Produktspezifikationen oder Spezifikationen wesentlicher bzw. weniger wichtiger Dienstleistungen;
- Logistik: Terminplanung, Organisation ... ;
- rechtliche Gesichtspunkte: Art der vertraglichen Verpflichtungen ... ;
- finanzieller Hintergrund: Preise, Zahlungsbedingungen ...

Es ist wichtig, gleich hier die wichtigsten Punkte mit einzubeziehen, die eine Verhandlung mit dem Kunden ermöglichen.

## Zweiter Schritt: Ordnen Sie die Einsätze nach Wichtigkeit!

Die Analyse der Einsätze innerhalb einer Verhandlung für die Firma des Verkäufers muss auf zwei Ebenen erfolgen:

Sie muss das definieren, was man vor allen Dingen kurzfristig oder langfristig haben möchte.

Eine Verhandlung könnte besonders hinsichtlich der Menge, die ein Auftrag bringt, interessant sein, eine andere, weil durch das Geschäft die Firma ihr Verfahren weiterentwickeln kann, und wiederum eine andere Verhandlung öffnet vielleicht den Zugang zu einem erfolgversprechenden Markt ...

Die Analyse muss auch klarlegen, welche Risiken man kurzfristig bzw. langfristig in den Griff bekommen muss.

Diese Risiken können in Zusammenhang mit der Preispolitik stehen (Risiko, dass eine Verschlechterung der Konditionen auf andere Produkte und/oder Kunden übergreift) und mit der Bewältigung von Kosten (Garantien) oder sonstigen Faktoren. Hier ist weitläufig die Ansicht vorherrschend, dass sich ein geschickter Verhandelnder vor allem aus diplomatischen Gründen durch eine auffällige Flexibilität in nebensächlichen Dingen ... und durch absolute Entschlossenheit in wesentlichen Punkten auszeichnet. Ausgehend von den beiden Analyseebenen, die wir gerade kennen gelernt haben, müssen wir nun unter den Angebotsfaktoren die vorrangigen Punkte herausstellen. Dabei kann es sich um die Menge handeln, den Preis, die Zahlungsbedingungen, Verzögerungen bezüglich der Durchführung ... aber nicht um alle auf einmal, selbst wenn alle von Wichtigkeit sind.

Darstellung von Zielen, erste Spalte

| Erkennbare Verhandlungs- punkte | | | | |
|---|---|---|---|---|
| Preis | | | | |
| Zahlungsziel | | | | |
| ... | | | | |

# Dritter Schritt: Legen Sie Ihre Verhandlungsziele fest

Heute werden alle leistungsstarken Unternehmen durch „zielorientiertes Management" geleitet. Es gibt innerhalb einer Firma keinen Bereich, der nicht von einem flächendeckenden Netz von Zielen aller Größenordnungen, mengenbezogen oder qualitativ, durchzogen wäre. Jedermann weiß, dass ein Ziel am Ende einem klaren Ergebnis entspricht, das es gleichermaßen ambitioniert wie realistisch zu erreichen gilt. Dennoch stellt man häufig fest, dass ein Verkaufsleiter, sobald es um eine Verhandlung geht, bei der einiges auf dem Spiel steht, „das meiste herausholen möchte" bei einer gewissen Preisspanne ... Aber wie hat Seneca sich ausgedrückt: „Dem Seemann, der kein Ziel hat, weht kein günstiger Wind." Man muss also für jeden Angebotsfaktor (Preis, Menge, Fristen ...) das angestrebte Ziel bestimmen. Diese Festlegung muss klar vor der Ausarbeitung des Angebots erfolgen, das später dem Kunden unterbreitet wird. Dieser Punkt ist entscheidend, da in der Praxis viele Fehler darauf zurückzuführen sind: Man stellt ein Angebot zusammen, und genau dann, wenn der Kunde Druck ausübt, stellt man sich die Frage: Was will ich überhaupt erreichen, und wie weit kann ich gehen? Nein, man muss diese Logik umkehren und Ziele noch vor allen anderen Dingen genau festlegen. In einigen besonderen Betrieben verfährt man nach einer Logik, die sich zum Ziel setzt, ein Produktangebot oder eine gleichwertige Ersatzleistung, abhängig vom Etat des Kunden, aufzustellen. Wir behandeln hier den klassischen Fall, der am geläufigsten ist, wo man zunächst das Produktangebot und/oder eine Ersatzleistung erstellt, abhängig vom Bedarf des Kunden, dann erst das Preisangebot. Unternehmen, die einfache Standardprodukte oder „alltägliche" Dinge herstellen, können praktisch nur dann ihre Ziele aufstellen, wenn sie die Preise der Konkurrenz kennen. Überall, wo kompliziertere Produkte oder Leistungen verkauft werden, lässt sich das Preisangebot in Abhängigkeit von zwei Kriterien festlegen: einmal vom Selbstkostenwert, aber vor allem vom „erkennbaren Wert". Um diesen „erkennbaren Wert" bei einem speziellen Geschäft zu bestimmen, kann man in einer großen Anzahl von Branchen die Hauptkonkurrenten ausmachen, so viele objektive Informationen wie möglich sammeln und analysieren, um beim wichtigsten Konkurrenten folgendes einzuschätzen:

- die vermutliche Höhe des Preisangebots;
- die hauptsächlichen Stärken bzw. Schwachpunkte des Angebots im Vergleich mit dem gerade erstellten.

Der Sinn besteht darin, den Wert eines jeden relativen Vorteils Ihres Angebots in Zahlen zu fassen, in dem Maße, wie dieser Wert vom Kunden wahrgenommen werden kann. Man könnte sich bei einer besonderen Verhandlung zum

Beispiel vorstellen, dass eine technische Lösung, die eine Ausführung der Arbeiten zwei Monate früher möglich macht, für den Kunden einen erkennbaren Vorteil in einer Größenordnung von 200 000 Euro darstellt. Genauso kann man den erkennbaren Wert eines jeden relativen Nachteils, den das Angebot birgt, in Zahlen fassen und in Beziehung zu dem Hauptkonkurrenten setzen.

Schließlich muss man nun noch den „Schätzwert" mit einbeziehen, den der Kunde diesem oder jenem Lieferanten beimisst aus Gründen des Vertrauens, imagebezogen oder aufgrund der Geschäftsbeziehungen. Der „erkennbare Wert" des Angebots setzt sich also wie folgt zusammen:

Preiseinstufung des stärksten Konkurrenten + geschätzter Wert aller relativen Vorteile unseres Angebots – geschätzter Wert aller relativen Nachteile unseres Angebots + oder – Abweichung vom Schätzwert.

Natürlich spielt dieser „erkennbare Wert" nur eine informative Rolle. Er muss mit den ermittelten Marktpreisen verglichen werden und mit dem durchschnittlichen Verkaufspreis der Firma für vergleichbare Produkte oder Leistungen, damit das Preisziel bestimmt werden kann. Als letztes müssen natürlich die Selbstkosten analysiert werden und die zu erwartende Rentabilität durch das Geschäft, wenn dies zum „objektiven" Preis getätigt wurde. Schließlich darf man den nötigen Zusammenhang zwischen dem Preisziel und anderen Angebotsfaktoren nicht außer Acht lassen: nämlich die Gesamtrentabilität des Vorhabens, die untersucht werden muss. Die nicht fristgemäße Einhaltung der vertraglich festgelegten Termine, der Zahlungsvereinbarungen oder anderer Konditionen können für das Endergebnis genauso entscheidend sein wie der Preis.

Übersicht der Ziele, zweite Spalte

| Erkennbare Verhand- lungspunkte | Ziele | | | |
|---|---|---|---|---|
| Preis | 100 Euro | | | |
| Zahlungsziel | 30 Tage netto | | | |
| ... | ... | | | |

## Vierter Schritt: Wie man die „Tabuzonen" festlegt

Hier geht es darum, gegen das Schlimmste gewappnet zu sein: Konkurrenzangebote, die (preislich oder qualitativ) besser platziert sind als erwartet, oder starker Druck von Seiten des Kunden, um Konditionen durchzusetzen, die unterhalb der gesteckten Ziele liegen. Wir haben gesehen, dass es unerlässlich ist, die „Tabuzonen" abzuklären. Wird dies versäumt, läuft man im Eifer des Gefechts Gefahr, sich auf Zugeständnisse einzulassen, die man im Nachhinein bereut.

Wie schon William Ury, einer der größten amerikanischen Meister der Verhandlungskunst, gesagt hat: „Nur Sie allein können Zugeständnisse machen, die Sie hinterher bereuen." Es ist also notwendig, bei jedem Angebotsfaktor die annehmbaren Grenzpunkte, das heißt das eigene Limit, zu setzen, also festzustellen, wie weit man entgegenkommen darf, indem man, sofern möglich, den Kostenwert der angesteuerten Zugeständnisse berechnet (aus der Differenz zwischen gesetztem Ziel und Grenzpunkt). Bei einigen speziellen Faktoren kann es ab diesem Schritt nötig werden, die Bedingungen vorauszusehen, die an diese Grenzpunkte heranführen. Es könnte zum Beispiel erforderlich werden, eine bestimmte Menge eines Produkts zu verkaufen, damit man unter ein gegebenes Preisniveau gehen kann.

Grenzpunkte, dritte Spalte

| Erkennbare Verhand- lungspunkte | Ziel | Limit | | |
|---|---|---|---|---|
| Preis | 100 Euro | 95 Euro | | |
| Zahlungsziel | 30 Tage netto | 60 Tage netto | | |
| ... | ... | ... | | |

In diesem Stadium hat man nun das Terrain eingegrenzt (alle Angebotsfaktoren), die Einsätze nach Rangfolge geordnet (Vorrangiges, Risiken), die Verhandlungsziele festgelegt und die Tabuzonen abgeklärt. Nun gehen wir zum entscheidenden Schritt über, durch den unsere Goldene Regel Nr. 1 voll zur Geltung kommt ...

## Fünfter Schritt: Festlegung der Höhe der Einstiegs- forderung bei Verhandlungsbeginn

Es geht darum, dass man seine Verhandlungsstrategie festlegt, indem man sich Verhandlungsspielräume schafft, die man sich offen hält durch ein Angebot, das sich in bestimmten Punkten bewusst von den tatsächlichen Zielen unterscheidet, die man erreichen will. Der heikle Punkt in dieser Geschichte ergibt sich spätestens bei der Festlegung des Preisniveaus für den Kunden: Ist der Preis ohne Not zu niedrig gewählt, so bedeutet das mit an Sicherheit grenzender Wahrscheinlichkeit die Schmälerung des Endgewinns; steigt man zu hoch ein, könnte das eventuell alles verderben ...

Gehen wir im Moment einmal davon aus, dass alle anderen Angebotsfaktoren ihr „objektives" Niveau aufweisen, so wie in Schritt drei (Seite 89ff) beschrieben. Die Einstiegshöhe des Preises bei Verhandlungsbeginn kann mit Hilfe von zwei „Schwellen" festgelegt werden.

## 1. Die Wettbewerbsschwelle
Es handelt sich hierbei um die Schwelle, jenseits deren man den Lieferanten als aus dem Rennen ausgeschieden betrachten kann. Unter Berücksichtigung von wahrscheinlichen Konkurrenzangeboten, der Art der Verhandlung des Kunden und der hergestellten Beziehung muss man wie beim Wetten zuversichtlich sein und ein gewisses Risiko eingehen.

## 2. Der Glaubwürdigkeitsgrad
Auch dieser Punkt lässt sich anhand von zwei Kriterien ermitteln.

Zunächst gilt es, den Prozentsatz des denkbaren Preisabschlags im Verlauf der Verhandlung zu veranschlagen, wohlverstanden immer nachvollziehbar und glaubwürdig für den Kunden. Dieser Prozentsatz kann sich, entsprechend den Branchen, Ländern, Kunden, zwischen 1 % und 30 % bewegen. Ihn zu kennen und zu berücksichtigen ist für den erfolgreichen Ausgang einer Verhandlung von überaus großer Bedeutung. Kann man sich einen Verkäufer vorstellen, der im Verlauf einer Unterredung einem schweizerischen Industriellen 30 % Rabatt gewährt? Oder der umgekehrt bei einem Geschäftspartner aus dem Mittleren Osten seinen Preisnachlass auf 1,5 % begrenzt? Der Glaubwürdigkeitsgrad ist also ein unabdingbarer Richtwert. Er wird mittels folgender Formel errechnet:

$$\text{Glaubwürdigkeitsgrad} = \frac{\text{Mindestpreis}}{(1 - \text{Prozentsatz des akzeptablen Abschlags})}$$

Beispiel: Wenn der festgesetzte Preis für den Grenzpunkt (Schritt 4) 80 Euro beträgt und der Prozentsatz des akzeptablen Abschlags 20 %, beläuft sich der „Glaubwürdigkeitsgrad" auf 100 Euro. Wenn man das Eingangsangebot auf 99 Euro festsetzt, weiß man, dass man in keinem Fall einen Abschlag von mehr als 20 % zu rechtfertigen haben wird. Der Glaubwürdigkeitsgrad ergibt sich ebenfalls und vor allem aus der Möglichkeit des Verkäufers, seine Eingangsforderung mittels plausibler Argumente zu rechtfertigen. Bei der Vorbereitung untermauert man also die Einstiegsforderungen, indem man diese mit passenden Argumenten rechtfertigt. Sind „Glaubwürdigkeitsgrad" und „Wettbewerbsschwelle" erst einmal veranschlagt, muss die Einstiegsforderung bezüglich des Preises unmittelbar die unterste der beiden Schwellen einnehmen. Nehmen wir zum Beispiel einen objektiven Preis von 8,70 Euro und einen Mindestpreis von 8,00 Euro mit einem Glaubwürdigkeitsgrad von 10 Euro und weiter eine Wettbewerbsschwelle zu 9,30 Euro. Wir tun gut daran, die Einstiegsforderung bei ungefähr 9,25 Euro festzusetzen.

Schautafel Ziele, vierte und fünfte Spalte

| Erkennbare Verhandlungspunkte | Ziel | Limit | Einstiegsforderung | Argumente |
|---|---|---|---|---|
| Preis | 100 Euro | 95 Euro | 103,80 Euro | *Preisaufschlag wegen der Qualitätskontrolle* |
| Zahlungsziel | 30 Tage netto | 60 Tage netto | ... | ... |
| ... | ... | ... | ... | ... |

## Wie lässt sich die Goldene Regel Nr. 1 in besonders schwierigen Fällen anwenden?

### Bestehen Sie auf einer sehr hohen Forderung

Wenn die Konkurrenz unerbittlich ist, die Produkte alltäglich, der Käufer sich in einer starken Ausgangsposition befindet, erscheint es unrealistisch, ein erhöhtes Einstiegsniveau zu präsentieren. Anhand dreier Beispiele sehen wir anschaulich, dass gerade in solchen Situationen die erste Goldene Regel am besten greift ... die Beherrschung einiger taktischer Finessen vorausgesetzt.

*Erstes Beispiel*

Der für den Einkauf zuständige Direktor eines großen Handelsunternehmens für landwirtschaftliche Produkte hatte Besuch vom Vertreter einer seiner wichtigsten

Lieferanten für Pflanzenschutzmittel. Man wollte die Geschäftsbedingungen für das kommende Jahr besprechen, – Auftragsvolumen, Terminplanung, Verkaufsförderung, vor allem aber den Jahresbonus. Da man im Jahr zuvor 10,5 % gewährt hatte und ein Zuwachs an Aufträgen abzusehen war, hatte sich der Direktor der Einkaufsabteilung zum Ziel gesetzt, bei dieser Gelegenheit den Nachlass auf 12 % auszudehnen. Der Verkäufer legte zunächst eine Bilanz über die Zusammenarbeit der beiden Unternehmen während des vergangenen Jahres vor. Im Anschluss daran konfrontierte er den Käufer mit einem Vorschlag, der diesen beinahe platzen ließ. Tatsächlich ging er nicht von den 10,5 % Rabatt ab und schlug vor, diesen Nachlass in Form von Pilzverhütungsmitteln abzugelten. Der Käufer verurteilte diesen Vorschlag als „grotesk und unannehmbar": die jährlichen Rabatte müssten, so der Käufer, in Form eines Schecks am 15. Januar wirksam werden, daran gäbe es nichts zu rütteln. Der Lieferant führte nun im Einzelnen sein Verständnis von Wirtschaft und die marktstrategische Bedeutung von Pilzverhütungsmitteln ins Feld. Er ließ sich, was diesen Punkt anbelangte, auf keine Konzessionen ein. Nachdem über eine Dreiviertelstunde ohne ein greifbares Ergebnis in Sicht vergangen war, fuhr der Käufer aus der Haut: „Ich habe jetzt endgültig genug von Ihren Argumenten, die sowieso keine sind! Lassen wir's heute dabei bewenden, und kommen Sie wieder, wenn Sie gewillt sind, ernst zu nehmende Vorschläge zu machen, anderenfalls sehe ich mich gezwungen, alle geschäftlichen Beziehungen mit Ihrer Firma abzubrechen ..." Daraufhin besann sich der Verkäufer auf eine moderatere Haltung. Selbstverständlich könne der Rabatt auch in anderer Form als Pilzverhütungsmitteln wirksam werden, sprich alle sonstigen Erzeugnisse aus der Produktpalette des Lieferanten. Der Käufer stellte sich weiterhin stur, und die Verhandlung drohte beinahe zu scheitern, als der Verkäufer nun seinerseits beinahe platzte. Niedergeschlagen, mit eingefallenen Schultern und müder Stimme erklärte er sich dazu bereit, ausnahmsweise das Auszahlungssystem per Scheck nochmals anzuerkennen, um die Geschäftsbeziehungen zu retten, vorausgesetzt, es bliebe bei den 10,5 % Rabatt. Der Käufer versuchte einen größeren Nachlass zu bekommen, akzeptierte schließlich aber den Vorschlag des Verkäufers.

*In schwierigen Situationen mit wenig Verhandlungsspielraum, was den Preis angeht, ist es möglicherweise geschickt, wenigstens auf einer sehr hohen Forderung außerhalb des Preises, also in Sachleistungen, zu bestehen.*

Genau das hat der Verkäufer für Pflanzenschutzmittel gemacht, als er von dem Kunden eine Akzeptanz des Rabatts in anderer Form forderte, um besser auf dem Prozentsatz beharren zu können. Durch diese Art von Verhandlungsstrategie, also indem man sehr hohe Forderungen stellt, bezogen etwa auf Sachleistungen, verfügt man über eine Art „Sicherheitsventil": die Erfahrung zeigt, dass der Käufer seine ganze Energie darauf konzentriert, diese Forderung abzuschwächen, und sich dadurch quasi selbst die Luft in Bezug auf den Preis nimmt. Die hier angewandte Taktik ist äußerst wirkungsvoll ... und mit Vorsicht anzuwenden. Sie kann nur wirkungsvoll sein unter der Bedingung, dass man nicht über das Ziel hinausschießt, also keine Forderung erwägt, die hinsichtlich Menge, Zahlungsbedingungen oder Lieferverzug bewusst übertrieben ist ... Es handelt sich absolut nicht darum, exorbitante Vorteile herauszuschlagen, um am

Ende die Zugeständnisse auf alle Punkte bezogen vor dem Kunden aufzutürmen!

Der ganze Angebotsaufbau muss „statische Bereiche" beinhalten, wo Konzessionen egal welcher Art sozusagen unmöglich sind, aufgrund einer Nullspanne zwischen der Höhe des Einstiegsniveaus und dem Ziel, sogar zwischen dem Ziel und dem „Grenzpunkt". Diese statischen Bereiche machen das Angebot glaubwürdig: der Kunde muss das Gefühl haben, dass der ihm unterbreitete Vorschlag seriös ist und dass keine Notwendigkeit besteht, jedes Wort im Vertrag zu überprüfen oder um normale Bedingungen zu feilschen. Andererseits muss das Angebot, gemäß Goldener Regel Nr. 1, gleichermaßen über „flexible Bereiche" verfügen, wo Konzessionen möglich sind, ohne dass man dabei auf die Zielsetzung verzichten muss. Beim Erstellen eines Angebots muss also Folgendes festgelegt werden:

- alle erkennbaren verhandelbaren Faktoren;
- eine klar definierte Reihenfolge;
- ein klares Ziel für jeden Angebotsfaktor;
- eine Mindestgrenze, die klar die „Tabuzonen" umreißt;
- die Höhe des Einstiegsniveaus, um Verhandlungsspielräume bei bestimmten Angebotsfaktoren zu ermöglichen.

| Erkennbare Verhand-lungspunkte | Ziel | Limit | Einstiegs-forderung | Argumente |
|---|---|---|---|---|
| Preis | 100 Euro | 95 Euro | *103,8 Euro* | Erhöhung der Kosten für Quali-tätskont-rolle |
| Zahlungsziel | 30 Tage netto | 60 Tage netto | *Anzah-lung 50 % bar* | ... |
| ... | ... | ... | ... | ... |

**Unterbreiten Sie ein Angebot, das schwer vergleichbar ist**

*Zweites Beispiel*
Der Generaldirektor eines kleinen Industrieunternehmens möchte seine Firma mit einer neuen EDV-Anlage ausrüsten, die schnell absetzbar ist. Da er nicht über die ausreichenden Geldmittel verfügt, wendet er sich zwecks Finanzierung an eine Bank. Selbstverständlich konsultiert er zwei Geldinstitute, um dem Wettbewerb gerecht zu werden und bessere Konditionen herauszuschlagen. Die erste Bank schlägt eine Laufzeit von fünf Jahren vor zu einem Zinssatz von 8,5 %. Die zweite Bank geht die Sache etwas anders an.

KUNDE: Ich habe Ihnen nun alle Faktoren in dieser Angelegenheit genannt. Wie sehen Ihre Bedingungen bei einem Kredit mit einer Laufzeit von fünf Jahren aus?

BANKIER: Lassen Sie uns doch zuerst abklären, ob ein Kredit in Ihrem Falle die beste Lösung darstellt. Sie wollen versuchen, Ihre Liquidität unangetastet und Ihre Anschaffung zu 100 % finanzieren zu lassen, indem Sie vermeiden, Ihre Negativbilanz zu belasten?

KUNDE: Stimmt genau.

BANKIER: Ich rate Ihnen zu einer anderen Lösung, die von dem Vorschlag meines Kollegen abweicht: Es würde sich dabei um ein Leasing handeln ... (es folgt eine Beschreibung der Vorteile dieser Art von Finanzierung).

KUNDE: Wie hoch ist der Zinssatz, den Sie für dieses Leasing veranschlagen?

BANKIER: Was das Leasing anbetrifft, so spricht man hier nicht von Zinssatz, sondern von Monatsraten.

KUNDE: Dann werde ich die Monatsraten vergleichen!

BANKIER: Auch hier hätte ich eine andere Lösung: Anstelle von festen Monatsraten schlage ich Ihnen lieber flexible Rückzahlungsbeträge vor, die an die saisonbedingte Auftragslage Ihres Erwerbszweigs angepasst sind ... wäre das nicht ideal, was meinen Sie?

KUNDE: Schon, aber ich kann trotzdem die Preise nicht vergleichen ... Und angenommen, die Monatsraten wären fix, auf wie viel käme das pro Monat?

BANKIER: Ich kann Ihnen die Zahlen geben, aber sie werden nicht viel aussagen, da sich mein Leasing auf vier und nicht auf fünf Jahre erstreckt, und außerdem beinhaltet es noch den Preis für die Versicherung der Hardware sowie spezielle Vorteile im Falle des Weiterverkaufs während der Abschreibungsperiode ...

Der Firmenchef fühlt, dass das zweite Angebot leicht teurer kommt, ohne jedoch genau zu wissen wie viel. Er entschließt sich, bei dem zweiten Bankier zu unterschreiben, da dessen Lösung seinen Erwartungen am nächsten kommt.

Immer dann, wenn es geht, muss man dem Kunden ein Angebot unterbreiten, das niemals in allen Punkten mit dem der Konkurrenz zu vergleichen ist.

Somit lässt sich eine Eigenart des Produkts einplanen, eine spezielle Garantiedauer ... oder einfach eine unterschiedliche Formulierung der Geschäftsbedingungen.

Diese Taktik bietet zwei entscheidende Vorteile:

Sie erlaubt dem Verkäufer, zu rechtfertigen, warum er sich weigert, sein Angebot an den Mindestforderungen auszurichten.

Sie hilft umgekehrt dem Käufer, zu begründen, dass er einen Lieferanten auswählt, der ihm einen höheren Preis bietet.

## Was auch immer passiert, nennen Sie den beabsichtigten Preis

*Drittes Beispiel*
Ein Unternehmensverbund erster Ordnung stellte in einer seiner Divisionen Metallkanister mit zwei Liter Fassungsvermögen für Motorenöl für den Einzelverkauf in Werkstätten und Supermärkten her. Die Marketingabteilungen der Ölgesellschaften hatten jedoch seit einigen Jahren die Käufer dahingehend beeinflusst, auf Plastikkanister umzusteigen, weil diese, im Gegensatz zu den herkömmlichen, in verschiedenen Formen und Farben zu haben wären. Folglich hatte sich der Markt für Metallkanister

zurückgebildet, und die wenigen darauf spezialisierten Fabrikanten lieferten sich eine gnadenlose Schlacht um den Verkauf ihrer Produkte. Der Hauptkunde dieser Division war eine multinationale Kette, die 15 Millionen Metallkanister pro Jahr „verschlang", zu einem Stückpreis von 2,50 Euro. Dieser Kunde hatte im Vorjahr beschlossen, besagte Division zu seinem einzigen Lieferanten zu machen, um dort schwerpunktmäßig seine Metallkanister zu kaufen. Als es darum ging, die Preisentwicklungen für das kommende Jahr zu verhandeln, wählte der Divisionsdirektor eine harte Linie: Er zog die Preise stark an und vertraute darauf, dass es die Konkurrenz genauso machen würde, um einer selbstmörderischen Überteuerung aus dem Wege zu gehen. Er begab sich also in Begleitung seines Verkaufschefs zum Hauptsitz der multinationalen Ölgesellschaft, fest entschlossen, eine Preiserhöhung von 8 % anzukündigen ... in der Hoffnung, am Ende 6% zu erreichen. Er war überzeugt davon, dass er der einzige Lieferant des Kunden bleiben würde. Der Einsatz war enorm: Die Rentabilität seiner Division, aber auch die Beschäftigung von ungefähr zehn Angestellten war in direkter Weise vom Resultat dieser Verhandlung abhängig. Nach der Ankunft wurden die beiden vom zuständigen Direktor des Einkaufs der Ölgesellschaft und von dessen Amtskollegen des Zweigbetriebes für Schmieröl, der in Begleitung seines Stellvertreters war, empfangen. Die fünf Männer begaben sich in einen großen Sitzungssaal, wo sie an einem ovalen Mahagonitisch Platz nahmen. Als der Divisionsdirektor sich anschickte, das Wort zu ergreifen, stellte der stellvertretende Direktor eine kleine kartonierte Kiste auf den Tisch, aus der er einen schmutzigen und öligen Kanister hervorholte. Ohne einen Kommentar abzugeben, drehte er den Kanister so, dass Divisionsdirektor

und Verkaufschef am Rand des Behälters eine defekte
Schweißnaht zwangsläufig bemerken mussten, die für die
Leckage verantwortlich war. Unter weiterem Stillschwei-
gen legte der Stellvertreter noch zwei verdreckte und mit
Öl bedeckte Kanister auf den Tisch – mit dem gleichen
Materialfehler. In diesem Moment ergriff der zuständige
Generaldirektor für den Einkauf das Wort und sagte mit
einer beeindruckenden Ruhe und Entschlossenheit: „Meine Herren, soviel zur Qualität, mit der uns Ihre Firmen
bedienen. Ich hoffe, Sie sind mit stichhaltigen Begrün-
dungen hierhergekommen ... jedenfalls wenn Sie eine
Chance bekommen wollen, im nächsten Jahr zu unseren
Kanisterfabrikanten zu zählen." Dem Verkaufschef hatte
es nahezu den Atem verschlagen. Er hoffte inständig, dass
sein Divisionsdirektor so schlau sein würde, auf eine
utopische Preiserhöhung zu verzichten, die gegenwärtig
zur Katastrophe führen würde. Gegen alle Erwartungen
lächelte der Divisionsdirektor, erhob sich, nahm die drei
öligen Kanister und stellte sie zu seinen Füßen unter den
Tisch. Kurz gesagt, er versprach, dass man die Ursache für
diesen missliebigen Umstand suchen würde, vergaß dabei
nicht zu erwähnen, welch hohen Stellenwert die Qualität
in seiner Unternehmensgruppe einnähme, und verwies auf
die erzielten Resultate. Alsbald darauf kündigte er sozusagen übergangslos die Preiserhöhung an: „... und unter
Berücksichtigung der gegenwärtigen Lage erscheint uns
ein Aufschlag von 8 % nur logisch und unvermeidlich."
Die Diskussion wurde heftig, um nicht zu sagen lautstark.
Das Ergebnis der Sitzung endete in Uneinigkeit. Indes
versuchten die beiden Stellvertreter in den folgenden
Tagen die Wege zu einem Kompromiss zu ebnen. Sie
wurden sich einig zu Bedingungen, die es erlaubten, dass
die Division tatsächlich alleiniger Lieferant blieb, und die

Preise wurden letztendlich auf 6 % angehoben (das einzige Zugeständnis des Divisionsdirektors verglichen mit seiner Zielsetzung war das genaue Einhalten des Datums bezüglich der Wirksamkeit des Preisaufschlags). Dem Verkaufschef, der eine Erklärung verlangte, sagte der Divisionsdirektor folgendes: „In einer Verhandlung dieser Art versucht jeder, die Latte recht hoch anzulegen, um sich einen gewissen Spielraum zu verschaffen. Das weiß auch der andere ... so ist es nur logisch, dass der Käufer versucht, den Verkäufer einzuschüchtern, um zu erreichen, dass jener die Ansprüche etwas herunterschraubt. Ich habe so etwas geahnt: Konkurrenzangebot, Qualitätsprobleme ... Wenn man sich von solchen Dingen beeindrucken lässt und seine Forderungen aufgibt, ist die Sache von vornherein verloren. Was auch immer passiert, man muss die in Erwägung gezogenen Konditionen laut werden lassen."

*Sie können damit rechnen, dass der Käufer versucht, Sie einzuschüchtern, um niedrigere Forderungen zu erreichen.* Indem er beispielsweise selbst eine sehr hohe Forderung stellt („Ich sage Ihnen gleich im voraus, dass ich unter 15 % keinen Rabatt akzeptiere"). Gehen Sie auf keinen Fall von Ihrer anfänglichen Forderung ab: nennen Sie Ihren voraussichtlichen Preis. Erinnern Sie sich: Ihre Forderung zu Beginn ist eine wichtige Nachricht, die Ihr Verhandlungspartner als Entschlossenheit werten wird.

## Zum Abschluss des Kapitels

Einer der Pariser Studentenslogans vom Mai 1968 lautete: „Seid realistisch: verlangt das Unmögliche!" Die ehemaligen Demonstranten, heute zumeist in der freien Wirtschaft tätig, machen sich die Tatsache zunutze, dass sich dieses Schlagwort bestens in Verhandlungen anwenden lässt. Eine Verhandlung mit einem für den Kunden ganz und gar zufriedenstellenden Angebot anzustoßen heißt, einen schweren Fehler zu begehen. Im Falle, dass der Kunde angesichts eines Angebotselements in der Zwickmühle steckt:

Man entmutigt sein Gegenüber durch Ablehnung jeglicher Kompromisse, oder man gibt nach, und das Geschäft wird abgeschlossen jenseits des Erreichbaren, da das Einstiegsangebot für den Kunden bereits annehmbar war!

Realistisch sein heißt also das Unmögliche fordern: Starten Sie mit einem Angebot, das in einigen Punkten Einwände des Kunden provoziert, weil dadurch eine Verhandlung erst möglich wird.

*Eckpunkte zum Merken*
Nur eine erhöhte Forderung bringt am Ende ein befriedigendes Resultat.

Das Angebot an den Kunden wird erst erstellt, nachdem alle Ziele klar festgelegt sind (verwenden Sie die Schautafel „Ziele" und die Anleitung in fünf Schritten):

- Einkreisung des Gebiets (alle Angebotsfaktoren);
- Einordnung der Einsätze je nach Wichtigkeit, Prioritätensetzung;
- Festlegung der Ziele, die man erreichen möchte;
- Abstecken der „Tabuzonen";
- Festlegung der Einstiegsforderung.
- Es ist wichtig, dass man bezüglich Sachleistungen über ein Sicherheitsventil verfügt.
- Wenn möglich ein Angebot machen, das nicht genau mit dem der Konkurrenz vergleichbar ist.
- Was auch immer beim Kunden passiert, teilen Sie ihm Ihre Preisvorstellungen mit.

*Hier wieder ein paar hilfreiche Fragen an Sie:*

- Habe ich mir schon angewöhnt, meine Verhandlungsziele methodisch aufzustellen?
- Welche Punkte erlauben mir, diese Art Sicherheitsventil anzuwenden, wenn ich die Verhandlung auf anderen Aspekten als dem Preis aufbaue?
- Wie kann ich mein Angebot so gestalten, dass es mit dem meiner Konkurrenz nicht genau vergleichbar ist?

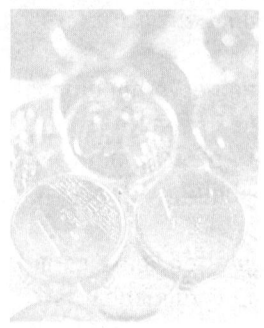

# Kapitel 7

# Die Verteidigungslinien

PREI: Ich versichere Ihnen, Sie haben sich gut verteidigt!
LAU: Ist der Verkäufer eigentlich immer in der Defensive?
PREI: Ich fürchte, ja. Es sei denn ...

Im Büro von Anton PREI, sieben Jahre zuvor ...

Die Elemente des Angebots von Johann LAU sind mittlerweile klar, und die angestrebte Lösung entspricht absolut
dem Kundenbedarf. Man diskutiert über den Preis.
PREI: Da muss viel mehr drin sein, Herr Lau, viel mehr. Bei
einem Produkt dieser Art, wo Ihr erstes Angebot sich auf
100 Euro pro Quadratmeter belief, liegt die Mehrzahl Ihrer
Konkurrenten unter 96 Euro! Also um ehrlich zu sein: Sie
werden sich anstrengen müssen.
LAU: Das stimmt schon, einige unserer Konkurrenten
stellen alles Mögliche an, um Marktanteile zu bekommen,
aber das hält nicht an! (PREI bleibt ruhig.) Nun ja ... ich
will natürlich sehen, was sich machen lässt, aber unter 99
Euro, das wird sehr eng.

PREI: Also, Herr Lau, ich bitte Sie um einen ernsthaften Vorschlag ... Ich würde, ehrlich gesagt, gerne zum Schluss kommen. Aber bei 99 Euro kommen Sie nicht in Frage!

LAU: Warten Sie doch mal, ich möchte 99 Euro, Sie hätten gerne 96 Euro ... Da lässt sich doch sicher ein Kompromiss finden!

Man einigt sich schließlich auf 97,50 Euro pro Quadratmeter.

Im Restaurant ...

LAU: Wie Sie wissen, nimmt mir mein Verkaufsdirektor noch immer diesen Handel zu 97,50 Euro pro Quadratmeter übel!

PREI: Da tut er Ihnen unrecht. Sie haben sich tapfer geschlagen.

LAU: Stimmt schon ... trotzdem werde ich das Gefühl nicht los, einen Fehler gemacht zu haben, als ich auf Ihre Attacke mit dem Gegenvorschlag zu 99 Euro reagiert habe.

PREI (amüsiert): Wirklich?

LAU (konzentriert, versucht, seine Gedanken zu sammeln): Ja ... als hätte ich mit einem Schuss mein ganzes Pulver verschossen!

PREI (kopfschüttelnd): Ja, Sie haben wahrscheinlich einen Euro für nichts und wieder nichts verloren ...

LAU: Wie das, für nichts? Für mich bedeutet ein Euro schon eine ganze Menge!

PREI: Aber Johann ... so schnell aufgegeben, dieser Euro hatte für mich keine Bedeutung: ich habe mir nur gesagt, der kann noch weiter gehen ...

LAU: Und trotzdem war meine technische Lösung hervorragend und bestens an Ihren Bedarf angeglichen. Was hätte ich denn machen sollen?

PREI: Als Käufer haben wir dem Verkäufer gegenüber immer eine gewisse Vormachtstellung, die uns erlaubt, nein zu sagen. Es gibt nur einen einzigen Moment, wo dieses Privileg auf den Verkäufer übergeht: genau dann, wenn wir ihn nach einem Preisnachlass fragen oder er uns hinsichtlich der Konditionen entgegenkommen soll ...

LAU: Ah ja! So eine Art „Machtminute" für den Verkäufer.

PREI: Wenn der Verkäufer sogleich mit einem Gegenvorschlag antwortet, wie Sie es gemacht haben mit den 99 Euro, können wir aufatmen! Und die Vormachtstellung landet wieder bei uns, was uns ermöglicht, nein zu sagen ...

LAU: Genau das ist mir passiert.

PREI: Wenn sich aber der Verkäufer taub stellt, seine Argumente bezüglich der Produkte, des Service wiederholt ... bringt er uns in Verlegenheit, wir sind gezwungen, unsere Bitte zu wiederholen, und nicht selten müssen wir unsere Position lockern.

LAU: Und wenn er Ihnen am Ende einen Euro gibt ...

PREI: Dann bedeutet dieser Euro wirklich etwas!

## Goldene Regel Nr. 2: Wenn man dich um ein Zugeständnis bittet, antworte mit einem Argument

Der Käufer hat zwei Möglichkeiten, gegen das Angebot des Verkäufers anzugehen:

1. durch einen Einwand: („Sie sind zu teuer", „Die Qualität ist ungenügend", „Ihre Zahlungsbedingungen sind irrwitzig");

2. durch direkte Forderung eines Zugeständnisses („Strengen Sie sich an", „Wenn Sie 30 Tage anbieten, können wir miteinander reden", „Sie können mir gut und gern 10 % nachlassen ...").

## Der sofortige Gegenvorschlag ist ein Fehler

**Richtiges Verhalten angesichts eines Einwands**
Der Vertriebsfachmann einer Firma für Computerdisketten und Speicherkarten zeigt eines seiner Produkte einem potenziellen Kunden. Diesem untersteht die EDV-Abteilung einer Werbefirma. Er zeigt wenig Interesse an dem Produkt, da es nicht seinem derzeitigen Bedarf entspricht. Er dankt dem Verkäufer höflich für seinen Besuch und die Präsentation. Auf die aus purer Neugier gestellte Frage: „Was soll denn das Ding kosten?" antwortet der Vertriebsfachmann: „125 000 Euro." Der Kunde heuchelt pfeifend Bewunderung: „Na, sagen Sie mal, das ist aber teuer!" Der Vertriebsingenieur reagiert wie aus der Pistole geschossen: „Sagen Sie mir doch frei heraus: Was muss ich Ihnen nachlassen, damit Sie sich entscheiden?"

Angesichts eines Einwandes muss der Verkäufer sein Angebot natürlich verteidigen. Auf keinen Fall darf er einen Einwand mit einem Zugeständnis quittieren – es sei denn, ein absolut unbedeutendes Zugeständnis sichert den Verkauf sofort, z.B.: „Da dies der einzige Punkt ist, der Sie noch zögern lässt, und weil Sie gerade mal 500 Meter von uns entfernt sind, liefere ich gratis. Abgemacht?"

Ein Zugeständnis kann teuer werden, ein Argument kostet nichts; es gibt keine Anzeichen dafür, dass der Käufer auch nach einem Einwand den anfänglichen Vorschlag nicht doch akzeptiert.

## Angesichts der direkten Forderung eines Zugeständnisses

Wenn der Käufer auch keinen Einwand vorbringt, sondern direkt Zugeständnisse fordert, könnte der Verkäufer, so wie Herr LAU, versucht sein, sofort mit einem Gegenvorschlag zu antworten: Das anfängliche Angebot beläuft sich auf 100 Euro, der Käufer fordert einen Nachlass ( z.B. 96 Euro), und der Verkäufer erklärt, dass er nicht unter 99 Euro gehen kann. Wie Anton PREI dem Verkäufer Johann LAU schon klargemacht hat, ist es falsch, sofort mit einem Gegenvorschlag herauszukommen, und das aus drei Gründen:

*1. Der Verkäufer verliert sofort Geld*
Einerseits führt der Gegenvorschlag (z.B. 99 Euro) zu einem Nachgeben im Vergleich zum vorangegangenen Vorschlag. Dieser Rückzug ist „gratis": er bringt weder eine Ersatzleistung noch die Chance auf eine sofortige Entscheidung. Allerdings schmälert er den späteren Spielraum des Verkäufers, indem er ihn an die „Mindestgrenze der Verhandlung" bringt, die ihrerseits im weiteren Verlauf der Diskussion sehr nützlich sein kann. Wie sich Johann LAU bereits eingestanden hat, bedeutet ein sofortiger Gegenvorschlag in der Tat, dass man sein Pulver verschwendet.

*2. Die vorgeschlagene Konzession ist in den Augen des Käufers wertlos*
Andererseits deutet der Käufer den Rückzug aufgrund des Gegenvorschlags (1 Euro in unserem Beispiel) nur als einen „ersten Schritt". Er geht von seiner Logik aus, wertet das erste Angebot als irreführend und nimmt den Gegenvorschlag einfach als ernstere „Diskussionsbasis". In unserem Beispiel bewirkt der Gegenvorschlag von

Johann LAU nur eine Verschiebung der Grenze innerhalb der Verhandlung: die bewegt sich nun nicht mehr zwischen 100 Euro und 96 Euro, sondern zwischen 99 und 96 Euro. Nun, der Nachlass von einem Euro hätte vom Standpunkt des Verkäufers aus gut und gerne in Betracht kommen können, wenn der Käufer dies auch für unwesentlich hält, weil es ihm „zu schnell" ist.

*3. Der Verkäufer vergeudet seine „Machtminute"*
Kurz und gut, der sofortige Gegenvorschlag von 99 Euro ist aus Gründen der Verhandlungsstrategie ein schwerer Fehler. Wie Anton PREI schon erwähnt hat: Allgemein betrachtet hat der Käufer gegenüber dem Verkäufer die Möglichkeit, nein zu sagen. Diese Einkäufermacht belastet den Verkäufer erheblich. Der kann sich im Allgemeinen nicht erlauben, ein Geschäft sausen zu lassen oder gar Kunden zu verlieren. Hinter dem Willen, seine Verkaufsziele zu erreichen, stecken noch andere Motivationen: die Sorge um seine Bezahlung, das Verhältnis zu seinem Vorgesetzten, seine berufliche Entwicklung, vor allem aber sein Selbstwertgefühl und schließlich das „Überleben" in seinem Beruf.

Deshalb: Wenn der Kunde einen Einwand vorbringt, schwächt er die Position des Verkäufers, indem er ihn stillschweigend an seine Vormachtstellung erinnert, die es ihm erlaubt, nein zu sagen. Im Gegenzug gibt der Kunde dieses Privileg für eine kleine Weile an den Verkäufer ab, genau in dem Augenblick, wo er eine direkte Forderung nach einem Zugeständnis stellt. Johann LAU nennt das die „Machtminute" des Verkäufers. Während dieser Minute ist der Käufer in Wartestellung, er wartet auf eine Antwort, die, so hofft er, positiv ausfällt. Wenn nicht, wieso sollte er dann seine Zeit verschwenden, um den Verkäufer zu empfangen? Er ist in diesem Augenblick „Bittsteller", und seine eigene Forderung verrät sein Interesse für das Angebot des Verkäufers.

Der Verkäufer verfügt also über eine einmalige Gelegenheit, Initiative zu übernehmen. Er kann, indem er die Antwort hinauszögert, sich eventuelle Ersatzleistungen überlegen, um eine schnelle Entscheidung herbeizuführen oder auch umgekehrt die Verhandlungsprozedur ins Stocken zu bringen. Ganz klar, einen sofortigen Gegenvorschlag zu machen heißt, diese „Machtminute" zu vergeuden und dem Käufer das Zepter erneut in die Hand zu geben und damit die Möglichkeit, zu sagen: „Nein, das reicht nicht." Das Ganze geht nun wieder von vorne los, solange, bis der Verkäufer sich seiner „Tabuzone" angenähert hat. Wenn man nun auf eine Forderung nicht mit einem Gegenvorschlag reagieren soll, was soll man dann tun?

## Die Verhandlung zwischen Käufer und Verkäufer: wie beim Fußballspiel?

Jeder versucht, im gegnerischen Raum Fuß zu fassen. Das bevorzugte Feld des Käufers sind der Preis und die Geschäftsbedingungen. In der Tat verfügt er in diesen Bereichen über spezielle Informationen (und in der Regel über Konkurrenzangebote), während der Verkäufer „mit dem Blitzen in seinen Augen verkauft". Außerdem kann der Käufer von jedem Fehltritt, jedem Zögern des Verkäufers profitieren, um ihm den Ball abzunehmen und ihn in die Defensive zu drängen.

Zusammengefasst heißt das: Je mehr sich das Spiel um den Preis und die Konditionen dreht, desto angenehmer gestaltet sich die Partie für den Käufer und umso größer wird sein Vorsprung. Umgekehrt muss der Verkäufer versuchen, in die andere Spielhälfte zu kommen: über die Produkte, die Technik, die Leistungen ... alles Bereiche, wo der Verkäufer im Allgemeinen über wesentlich fundiertere Kenntnisse und Informationen verfügt als der Käufer. Hier ist es der Verkäufer, der „davonstürmen" und dank entscheidender Argumente „Treffer" erzielen kann.

Der Verkäufer muss wissen, wie er den Ball ins Aus schießen kann. Mit anderen Worten: Sowie der Ball die Spielhälfte erreicht, in der das Team Preis und Konditionen dominiert, muss der Verkäufer diesen sofort in die gegnerische Hälfte zurückschießen, wo die wirtschaftlichen Argumente, die Produkte und die Leistungen überwiegen und er Spielmacher ist. Selbst wenn die Kombination durchschaubar und das Argument abgenutzt ist und dem Käufer erlaubt, „abzublocken", und sei es nur ein „Abklären ins Aus", ist die Gefahr zumindest für eine Zeit lang abgewendet.

**Verteidigen innerhalb des 16-Meter-Raums ... aber so spät wie möglich**
Natürlich kann es am Ende passieren, dass sich der Verkäufer direkt „vor dem Kasten" verteidigen und unter Druck auf der Spielhälfte der Preise und Bedingungen spielen muss. Allerdings wird das Ergebnis für ihn umso günstiger ausfallen, je besser es ihm gelingt, die Spieldauer auf dieser Seite des Feldes zu verkürzen. Hier erkennen wir den Sinn der zweiten Goldenen Regel: „Wenn man dich um ein Zugeständnis bittet, so antworte mit einem Argument." Wenn man dies beherzigt, kann man, in bestimmten Fällen, den Verkauf zu den anfänglichen Bedingungen abschließen. Das stellt für den Verkäufer freilich den Idealfall dar, vorausgesetzt, man beschwört

damit nicht die Frustration des Kunden herauf, der dann natürlich nach einer Gelegenheit zum Ausgleich sucht. Selbst bei ganz alltäglichen Fällen, wo die Argumente nicht ausreichen, um das Geschäft zu den anfänglichen Bedingungen einzufahren, bietet die Goldene Regel Nr. 2 entscheidende Vorteile:

- Sie „spart Munition auf" für die weitere Verhandlung.
- Sie wertet durch den Kontrast die Zugeständnisse auf, die, nach hartem Widerstand, schließlich doch gemacht werden.
- Sie macht die „Machtminute" des Verkäufers fest gegenüber der hartnäckigen Forderung des Kunden.
- Sie werden sehen, diese „Machtminute" ist der Schlüssel zur Ergreifung der Initiative in der Verhandlung, um Gegenleistungen zu erhalten oder die Entscheidungsfindung zu beschleunigen.

**Amateure und Profis ...**
Eine große Firma, die bekannte Haushaltspflegemittel herstellt und vertreibt, hat eine ganz besonders interessante Erfahrung gemacht. In den achtziger Jahren wurden die Produkte durch zwei Verkaufsgruppen vertrieben: die eine, bestehend aus ungefähr 60 Verkäufern, war mit dem Großvertrieb beauftragt, während die andere, 25 Vertreter, die Einzelhändler unter den Drogisten bediente. Als die Drogerien allmählich aus den Stadtzentren verschwanden, fanden ihre oft betagten Besitzer niemanden, der bereit war, diese zu übernehmen. Der Markt wurde durch die großen Supermärkte beherrscht, somit war die Firma gezwungen, die für die Drogisten zuständigen Verkäufer zu entlassen. Der Generaldirektor sah sich unversehens in einer Klemme: Sollte er diesen Vertretern kündigen, oder

sollte er versuchen, sie für die Kundschaft der Supermärkte einzusetzen und jedem ein Verkaufsgebiet von etwa 20 Märkten anvertrauen, die geographisch nach Sektoren aufgegliedert waren? Die Gefahr war groß, dass seine Vertreter, die an friedfertige Gespräche mit oft betagten Einzelhändlern gewöhnt waren, nun unter dem Druck der Einkäufer von Kunden wie Karstadt, Hertie und Kaufhof mit großem Trara scheitern würden! Daher wurde beschlossen, die Vertreter zwar nicht zu entlassen, sondern ihnen diese Kundschaft zuzuweisen, aber eine äußerst strenge Verwaltungskontrolle durchzuführen. Es galt sicherzustellen, dass die Überstellung dieser neuen Verkäufer an die neuen Kunden nicht eine Flut von Nachlässen, Rückvergütungen oder anderen Bedingungen nach sich zog. Vergleicht man unter diesem Gesichtspunkt die Konditionen, die von diesen „Drogisten"-Vertretern ausgehandelt wurden, mit den Ergebnissen der echten Profis aus dem Großvertrieb, könnte das Ersteren gegenüber als ungerecht und unbarmherzig empfunden werden ...

Aber wider alles Erwarten zeigten die ersten Resultate nicht etwa eine Verschlechterung der Preisbedingungen bei den „neuen" Verkäufern, sondern im Gegenteil – sehr deutlich sogar – ein besseres Verständnis von Nachlässen und anderen wirtschaftlichen Vorteilen, und das ohne Vernachlässigung des Absatzvolumens! Man musste tatsächlich eine Untersuchung durchführen, um hinter dieses Geheimnis zu kommen ...

Die Wahrheit entpuppte sich als grausam für die Profis aus dem Großvertrieb. Es zeigte sich, dass diejenigen Verkäufer, die sich im Großvertrieb auskannten wie in ihrer Westentasche, in diesem Punkt durch das Gespräch ihrer Kunden „festgelegt" waren. Sie waren überzeugt, dass lediglich Aspekte wie der Preis und die Konditionen für ihre Käufer von Interesse wären. Sie hatten darüber ihre Produkte „vergessen". Aus „Account-Managern" waren „Discount-Manager" geworden. Umgekehrt waren die Verkäufer aus der „Einzelhandelsgruppe" vorgegangen. Sie blieben mit ihren Produkten verbunden. Sie glaubten daran. Aus Gewohnheit, aus Instinkt? Jedesmal, wenn sie in Schwierigkeiten kamen, aufgrund einer Nachlassforderung oder wenn ein wirtschaftlicher Vorteil verlangt wurde, verlegten sie die Diskussion lieber auf die Produkte und deren Vorteile, als dass sie Preise und Konditionen ins Spiel brachten. Sie waren Produkt- und Serviceverkäufer geblieben. Ohne es zu wissen, wendeten sie die Goldene Regel Nr. 2 an ...

## Wie lässt sich die Goldene Regel Nr. 2 in besonders schwierigen Fällen anwenden?

Genau dann, wenn sich der Verkäufer in einer starken Position befindet, ist diese Regel unerlässlich. In der Tat kann der Schritt „Verhandlung" teuer werden für den Verkäufer. Deshalb bleiben Sie folgenden drei Prinzipien treu:

1. Ziehen Sie den „Verhandlungsschritt" so gut wie möglich in die Länge, indem Sie sich Zeit lassen mit der Preisankündigung und der damit verbundenen Diskussion, argumentieren Sie lang und ausführlich bei jeder Forderung von Zugeständnissen, wiederholen Sie Ihre Argumente mit anderen Worten, aber auch indem Sie den Kunden bitten, jede seiner Forderungen genau zu begründen und zu untermauern.
2. Richten Sie Ihre Argumente eher auf das Produkt aus (oder noch besser: auf den Bedarf des Kunden) als auf den Preis: Je klarer der Käufer Ihre „Vielfalt" bemerkt,

desto besser sind Ihre Chancen, den Druck zu vermindern.

3. Versuchen Sie, nachdem Sie ein starkes Argument vorgebracht haben, sofort zum Abschluss zu kommen ... sollte der Versuch fehlschlagen, probieren Sie es noch einmal.

## Eckpunkte zum Merken

Wenn Sie der Kunde mit der Forderung nach einem Preisnachlass unter Druck setzt, dürfen Sie unter keinen Umständen sofort mit einem Gegenvorschlag antworten: das würde bedeuten, dass Sie Geld verlieren und ein Zugeständnis machen, das in den Augen des Kunden minderwertig ist. Es ist wichtig, sein Angebot mit technischen oder servicebezogenen Argumenten zu verteidigen, um die Diskussion so spät wie irgend möglich auf den Preis zu bringen. Sein Angebot zu verteidigen heißt, sich seine „Machtminute" zu verschaffen.

## Wieder eine Frage an Sie:

Habe ich passende Argumente, bezogen auf jedes Angebotselement, in petto, um den zu erwartenden Angriffen auf den Preis standzuhalten?

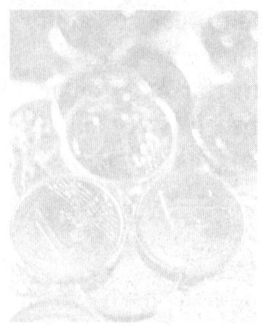

# Kapitel 8

# Zugeständnisse und Gegenleistungen

LAU: Am Ende sieht es doch heute so aus, dass dem Verkäufer nichts anderes übrig bleibt als nachzugeben, immer nachzugeben, immer noch mehr nachzugeben ...
PREI (amüsiert): Wirklich?

Im Büro von Anton PREI, sieben Jahre vorher ...

Johann LAU soll Anton PREI ein Hardwareangebot machen. Es handelt sich um ein Produkt, das sich bereits durchgesetzt hat und auf dem Markt zu einem Preis von 400 000 Euro erhältlich ist. Der Verkaufsdirektor von Johann LAU hat sich deutlich ausgedrückt: „Wir müssen bei unseren Kunden bessere Zahlungsbedingungen herausschlagen und für jeden Auftrag 20 % Anzahlung verlangen." Johann macht seinem Kunden eine Offerte über 430 000 Euro. Auf diese Weise hat er sich einen Diskussionsspielraum geschaffen – absolut notwendig bei einem Käufer vom Schlag des Anton PREI!

Wie erwartet legt dieser Protest ein, verlangt einen marktüblichen Preis, und Herr LAU zeigt sich schließlich, nachdem er Argumente vorgebracht und sein Angebot verteidigt hat, bei einer Summe von 400 000 Euro kompromissbereit. Alles scheint in Ordnung zu sein. Bleibt noch das Zahlungsziel zu erörtern, was dem Chef von Johann LAU ganz besonders im Magen liegt.

LAU: Was die Zahlungsbedingungen angeht, um zum Schluss zu kommen...
PREI (unterbricht Ihn): Sie kennen unsere Vereinbarungen: 90 Tage zum Ende des Monats am 10.!
LAU: Nun ja, schon, aber für diese Art von Ausrüstung ist eine Anzahlung von 20 % bei Auftragserteilung vorgesehen. Das ist vorgeschrieben.
PREI: Davon kann keine Rede sein. Das wäre entgegen unserer Firmenpolitik – was Sie eigentlich wissen sollten ...
LAU: Herr Prei, lassen Sie uns doch vernünftig miteinander reden! Ich sehe zu, dass ich am Preis etwas machen kann, und Sie geben sich einen Ruck und erklären sich mit der Anzahlung von 20 % einverstanden ...
PREI: Nennen Sie mir einen Grund, weshalb ich das tun sollte. Übrigens, selbst wenn ich damit einverstanden wäre, würde meine Direktion niemals zustimmen – und schon gar nicht bei der gegenwärtigen Situation!
Zwei Stunden danach wird Johann LAU seinem Verkaufsdirektor erklären, in welchen Punkten die Forderung einer Anzahlung bei der Auftragsvergabe nicht realistisch war, noch dazu in einem derart hart umkämpften Markt. Daraufhin wird der Verkaufsdirektor nichts mehr entgegnen.

Im Restaurant ...

LAU: Unter uns gesagt, frage ich mich manchmal heute noch, ob Sie oder ob Sie nicht die Möglichkeit gehabt haben, mir diese Anzahlung zu leisten ...

PREI: Das hätte mich gestört, aber grundsätzlich wäre es drin gewesen.

LAU: Und Ihre Direktion?

PREI (mit einem breiten Lächeln): Ich habe es Ihnen doch oft gesagt ... aber zum Glück für mich, hat sie mir stets sehr viel Eigenverantwortung gelassen. Was eine solche Frage angeht, hätte es da niemals eine Einmischung gegeben!

LAU (lächelt eher krampfhaft): Sicher, das habe ich schon vermutet ... Aber was hätte ich tun können, um diese Anzahlung zu bekommen?

PREI (wieder nachdenklich, fast ernst): Als Sie mir die Frage bezüglich der Anzahlung gestellt haben, war es bereits zu spät.

LAU: Also sollte man schon vorher auf den Preis zu sprechen kommen!

PREI: Man sollte die beiden Themen gleichzeitig auf den Tisch bringen. Hätten Sie mir die Anzahlung als unabding-bare Gegenleistung verkauft, um einen Preis von 400 000 Euro zu erhalten, hätte ich zugestimmt.

LAU: Aber ich habe die Anzahlung kaum eine Minute später ins Spiel gebracht!

PREI: Eine Minute später ist zu spät.

LAU: Und trotzdem, ich habe oft versucht, Gegenleistun-gen zu bekommen ...

PREI: ... und oft mit Erfolg!

LAU: Nicht immer. Erinnern Sie sich noch an die Frage nach der Alleinvertretung?

PREI: Das ist ja schon eine Ewigkeit her ...

LAU: Ich kann bis heute noch nicht verstehen, warum Sie mir das verweigert haben.

PREI: Helfen Sie mir auf die Sprünge, um was genau ging es dabei?

Im Büro von Anton PREI, sieben Jahre vorher ...

Johann LAU hält seit mehreren Minuten den immer wieder vorgebrachten Einwänden des Käufers stand. Anton PREI möchte einen Preisrabatt von 3 %. Johann LAU wiederholt sich: „Ich kann Ihnen solche Konditionen nicht geben, das geht nicht ..." Indes sieht er eine Möglichkeit: Wenn es ihm gelingen würde, die alleinige Vertretung für die in Frage kommende Produktreihe bei dem Kunden zu bekommen, wäre der Nachlass von 3 % für seine Direktion annehmbar. „Einverstanden", sagt Johann LAU plötzlich, „aber dafür hätte ich gerne die Alleinvertretung für diese Produktreihe." Anton PREI verzieht keine Miene: „Gut, ich nehme Ihr Einverständnis über die 3 % zur Kenntnis ... und was die Alleinvertretung anbelangt, habe ich keine Einwände, im Gegenteil." Dann fügt er hinzu: „Wie Sie ja wissen, kann ich über diesen letzten Punkt nicht allein befinden ... und so etwas lässt sich auch nicht von jetzt auf nachher abklären. Aber ich verspreche Ihnen, bis Ende des Jahres Bescheid zu geben." Bei diesen Worten schließt Anton PREI die Akte und geht zum nächsten Punkt über.

Im Restaurant ...

LAU: Da habe ich aber doch das Prinzip, wie man eine Gegenleistung einfordert, berücksichtigt ...

PREI: Richtig, Johann, aber was helfen alle Prinzipien, wenn man die Methode nicht beherrscht, sie anzuwenden ...

# Goldene Regel Nr. 3: Mache keine Zugeständnisse ohne Gegenleistung

Das ist wahrscheinlich die wichtigste Regel von allen – und die, welche am wenigsten Beachtung findet. Sie beruht auf fünf wichtigen Grundlagen:

*1. Sie ist eine der Grundregeln im Handelsverkehr*
Der Handel setzt den Austausch, den Tauschhandel voraus, und in der Geschäftswelt geht man allgemein davon aus, dass ein bewilligter Vorteil eine Gegenleistung voraussetzt, in welcher Form auch immer. Ein „Kaufmann", ein Geschäftsmann, betrachtet ein einseitiges Zugeständnis bestenfalls als einen Akt schlechter Geschäftsführung, schlimmstenfalls als ein Zeichen von Schwäche. Eine Gegenleistung zu fordern erwirkt Respekt.

*2. Sie ist ein Mittel, um die Rentabilität der Geschäftsbeziehungen zu bewahren*
Wir haben im ersten Kapitel gesehen, wie kostspielig Nachlässe für Firmen sein können. Ein Mittel, sich dem Marktpreis anzugleichen, ohne das letzte Hemd hergeben zu müssen, ist, Gegenleistungen zu bekommen, die es ermöglichen, den Preisnachlass auszugleichen, entweder durch eine zusätzliche Menge oder mittels Einsparungen jeder anderen Art.

**124**

*3. Sie ist das einzige Mittel, um gewisse Vorteile zu ergattern*

Wie wir weiterhin gesehen haben, setzt sich der Kunde, der um ein direktes Zugeständnis ersucht, paradoxerweise einer gewissen Schwäche aus: Der Verkäufer kann nein sagen. Nun sind mit diesem Nein aber zwei Misserfolge für den Käufer verbunden:

- der wirtschaftliche Misserfolg: der erhoffte Nachlass wurde nicht bewilligt, daher höhere Anschaffungskosten;
- der psychologische Fehlschlag: die Hoffnung, den Gegner „zurückzutreiben", wird enttäuscht, was im Extremfall als Erniedrigung empfunden werden kann.

Demnach ist der Käufer, um diese beiden Misserfolge zu vermeiden, zu bestimmten Opfern bereit in dem Augenblick, wo sein Ersuchen um ein Zugeständnis in der Macht des Verkäufers liegt, der nein sagen kann. Genau dann und nur dann kann der Verkäufer dem Kunden Vergünstigungen abverlangen, die ihm davor oder danach verweigert werden.

**Beispiel eines einfachen Verhandlungsschemas**

Der Käufer macht einen Einwand: „Ihr Wagen ist zu teuer, wenn ich ihn mit dem der Konkurrenz vergleiche ... ." Der Verkäufer antwortet mit einem Argument: „Das ist richtig, da ist schon ein Unterschied, was sich leicht erklären lässt: durch die hohe Qualität der verwendeten Materialien für alle Sicherheitselemente wie Chassis, Aufhängung, Bremsen." Der Käufer möchte daraufhin ein direktes Zugeständnis: „Ich könnte mich schon dafür erwärmen, wenn Sie mir mindestens 7 % vom Preis nachlassen." Der

**125**

Verkäufer antwortet erneut mit einem Argument: „Im Grunde wollen Sie doch auf Zeit Geld sparen: die Zuverlässigkeit unseres Modells, sein guter Wiederverkaufswert stellen für Sie auf Dauer gesehen ein besseres Geschäft dar als ein Modell des Konkurrenten." Der Käufer wiederholt seine direkte Bitte um Preisermäßigung, er hat jetzt doch eine gewisse „Versagensangst": „Jetzt aber, Sie können mir 6 oder 7 % geben ..." Der Verkäufer verlangt nun eine Gegenleistung: „Wären Sie bereit, einen Vorführwagen zu nehmen?" Es ist möglich, dass der Kunde zu diesem Opfer bereit ist. Auf alle Fälle ist es wahrscheinlich, dass er es zu keinem anderen Zeitpunkt der Diskussion getan hätte: der Verkäufer muss also genau wissen, wann seine „Machtminute" geschlagen hat.

*4. Sie hilft, die Gier des Kunden zu bremsen*
Sobald der Käufer eine Konzession zugestanden bekommt, versucht er, durch diese Erfahrung ermuntert, noch eine weitere zu bekommen. Den Vorteil, praktisch etwas geschenkt zu bekommen (z.B. 5 % Ermäßigung, ohne Gegenleistung zu erbringen), wertet der Kunde als Aufforderung, mehr zu verlangen. Warum aufhören, wo es doch so gut läuft? Gegenüber einem Verkäufer, der nicht von seiner Macht Gebrauch macht, nein zu sagen, fühlt sich der Käufer allmächtig. Umgekehrt wird er bei einem Gesprächspartner, der sich Schritt für Schritt nach vorne kämpft, nur für eine Gegenleistung zu Konzessionen bereit sein, und der Käufer muss einsehen, dass ihm der Verkäufer ebenbürtig ist. Unter diesen Umständen weiß der Käufer, wenn er zu einer günstigen Einigung kommen will, dass es von Vorteil ist, Forderungen genau zu formulieren, aber den Bogen auch nicht zu überspannen.

*5. Mittels dieser Regel kann man der Verhandlung eine andere Richtung geben*
Es gibt im Grunde zwei Anschauungen, wie man eine Verhandlung bestreiten kann:

- das Verteilerprinzip: Diesem Ansatz zufolge ist ein Kuchen aufzuteilen, und jede Seite ist bestrebt, sich das größte Stück einzuverleiben. Dementsprechend gewinnt die Logik des Kräfteverhältnisses an Bedeutung, und die Auseinandersetzung beginnt damit, dass jeder seinen Standpunkt klarmacht;
- die Entwicklungsmethode: Sie besteht darin, zu wissen, dass der Kuchen noch nicht gebacken ist, denn das wird erst während der Verhandlung erreicht. Es geht also für beide darum, das Rezept zu finden, nach dem der Kuchen am besten gelingt. Dementsprechend steht hier die Logik der Zusammenarbeit im Vordergrund, und die Verhandlung beruht keineswegs auf „Standpunkten", sondern darauf, Lösungen zu suchen, die beider „Interessen" gerecht werden. Unter diesem Blickwinkel ist das Vorhandensein kreativer Eigenschaften für jeden Verhandlungsführer ein absolutes Muss.

Die Suche nach Gegenleistungen gestattet dem Verkäufer, von der reinen Verteilerlogik zu einer Form der Verhandlung überzugehen, die sich in Richtung der Entwicklungsmethode bewegt. Damit lässt sich also der Druck vermindern und eher eine Lösung finden, bei der am Ende beide gewinnen und nicht nach dem Gewinner-Verlierer- oder Verlierer-Gewinner-Prinzip entschieden wird.

Ein Beispiel: Der deutsche Verkaufsleiter eines auf Industriewerkzeug spezialisierten Unternehmens verhandelte mit seinem amerikanischen Hauptabnehmer über eine Preiserhöhung von 3,5 %. Der Käufer lehnte jegliche Erhöhung ab. „Meine inländischen Lieferanten ziehen ihre Tarife dieses Jahr nicht an." Der deutsche Verkäufer war überzeugt, dass die Erhöhung berechtigt war: „In einem Jahr hat der Euro gegenüber dem Dollar 3,5 % verloren. Die von mir vorgeschlagene Erhöhung dient im Grunde nur dazu, dass Sie ihren Ausgangspreis halten können!"

Da der Käufer davon nichts hören wollte, schlug der Verkäufer vor, die Währungseinheit zu wechseln: „Wenn wir künftig den Preis in Dollar festsetzen, kann ich die Erhöhung vielleicht abändern ..." Die Kiste war verfahren, da der Käufer jeden Kompromiss ablehnte. Der Verkäufer verlor die Geduld. Er war gegenüber seiner Direktion die Verpflichtung eingegangen, die Preiserhöhung „ohne Probleme" durchzusetzen ... Der Kunde wurde mit einem Mal zugänglicher: „Wie auch immer, wir müssen zu einer Lösung kommen ... Sie wissen doch, mir ist an einer Fortführung unserer Geschäfte gelegen." Wohl wissend um die gefährlichen Qualitäten seines Gegenübers hielt sich der Verkäufer im Hintergrund. „Im Grunde genommen", fuhr der Käufer fort, „versuchen Sie doch nur eine annehmbare Rentabilität Ihrer Verkäufe zu wahren ..." Der Verkäufer konnte nur zustimmen. „Was mich angeht", so der Käufer weiter, „so würde ich meine Werkzeuge natürlich gerne so billig als möglich verkaufen ..." Er hielt einen Moment inne und fügte hinzu: „Was mir aber noch mehr am Herzen liegt: Ich möchte meine Werkzeuge etwas unter dem Preis meiner Konkurrenten anbieten ..." Auch in diesem Punkt konnte der Verkäufer ihm nur recht geben ... Der Käufer rief ihm nun ins Gedächtnis, dass er ihm, dem Verkäufer, in der

Vergangenheit öfter Hilfe hatte zuteil werden lassen: „Sie erinnern sich bestimmt noch, dass ich Sie meinem Freund, Herrn Kaufmann aus München, weiterempfohlen habe, vor ungefähr einem Jahr ..." Der Verkäufer bejahte: „Das stimmt, und ich bin Ihnen dafür auch sehr dankbar, denn Herr Kaufmann ist inzwischen ein guter Kunde ..." Der Käufer unterbrach direkt: „Wenn Sie es schaffen, Herrn Kaufmann mit Wirkung vom 1. Januar die Preise um 4 % zu erhöhen, bin ich meinerseits mit 3,5 % einverstanden ..."

Der Ausgang dieser Verhandlung ist für uns unerheblich ... Der Käufer hatte der Sache eine andere Richtung gegeben; er schlug eine Lösung vor, dank deren die zwei Kontrahenten alle beide ihr Ziel erreichen können: den Preisaufschlag für den einen, den Wettbewerbsvorteil für den anderen.

## Gegenleistungen bekommen: Die Vier-Schritt-Methode

### Erster Schritt: Argumente

Wie die Goldene Regel Nr. 2 gezeigt hat, ist es für den Verkäufer wichtig, seine Einstiegsforderung zunächst aufrechtzuerhalten, bevor er beabsichtigt, sie zu ändern. Je länger sich dieser erste Schritt gestalten lässt und je mehr Argumente hineingepackt werden können, desto günstiger wird das Endergebnis für den Verkäufer ausfallen.

### Zweiter Schritt: Die vorher abzuklärende Frage

Käufer: Ich kaufe nicht ohne einen Nachlass von 10 %.
Verkäufer: Wären Sie bereit von Ihrer Seite, die Wartungsarbeiten unserer Ingenieure zu erleichtern?

Auf diese Art lässt sich die vorher „abzuklärende Frage" bestimmen: es ist eine verdeckte Frage, die:

- positiv formuliert ist (nicht etwa: „Können Sie nicht ... ?")
- den Kunden scheinbar wenig verpflichtet, dank einer sehr vagen Formulierung;
- einen ernsten Willen zum Abschluss zeigt.

Es handelt sich hierbei um ein sehr probates Mittel: der Käufer, mittlerweile in Sorge, dass man sein Ansinnen nach einem Zugeständnis ablehnen könnte, neigt in dieser Situation dazu, mit „ja" zu antworten. Und macht somit einen entscheidenden Schritt in die Richtung, einer Gegenleistung zuzustimmen. Antwortet der Kunde mit „nein", kann der Verkäufer:

- entweder weiter beharren und durchblicken lassen, dass, falls sich der Kunde in diesem Punkt der Verhandlung zugänglich zeigt, er mit einem insgesamt besseren Ergebnis rechnen darf; oder
- noch eine vorbedingende Frage einstreuen, um zu sehen, ob der Kunde geneigt ist, Dinge wie Zahlungsbedingungen, Terminplanung für anfallende Arbeiten sowie sonstige Faktoren nochmals zu überdenken.

Sollte der Kunde anders als mit „nein" antworten, können wir zum dritten Schritt übergehen.

**Dritter Schritt: Die Eröffnung**
Verkäufer: Wenn Sie einverstanden sind, während der Inbetriebnahme der Anlage zwei Ingenieure vollzeitmäßig abzustellen, können wir wahrscheinlich einen Sonderrabatt vereinbaren ... Können wir das mal ins Auge fassen?

Die Eröffnung stellt eine genaue Kondition dar, die der Verkäufer macht, um:

- zunächst sehr treffsicher die gewünschte Gegenleistung zum Ausdruck zu bringen;
- anschließend mitzuteilen, auf welcher Basis eine mögliche Konzession von seiner Seite aus beruht, ohne deren Einzelheiten preiszugeben;
- den Kunden zu klaren Aussagen zu bewegen.

Zweck der Eröffnung ist, den Kunden in einem logischen Austausch von Für und Wider zwingend aus der Reserve zu locken und einer verfrühten Preisgabe der genauen Konzession, zu der man am Ende bereit ist, aus dem Wege zu gehen. Selbstverständlich kann man vom Kunden nicht verlangen, die endgültige Verpflichtung für ein Zugeständnis zu übernehmen, dessen Gegenleistung vom Verkäufer noch nicht angesprochen wurde. Aber man muss bei ihm durchsetzen, dass er diese Möglichkeit in Betracht zieht. Gewissermaßen lässt der Käufer durchblicken, dass diese Karte für ihn trumpft. Nun ist es am Verkäufer, aufzudecken.

**Vierter Schritt: Der Gegenvorschlag**
Verkäufer: Falls Sie, da wir es nun schon in Erwägung ziehen, mit der Abstellung von zwei Ingenieuren während der gesamten Dauer der Inbetriebnahme der Anlage einverstanden sind, bekommen Sie von uns eine Zusatzausrüstung XL200 gratis. Diese Ausrüstung kostet normalerweise 2700 Euro inklusive aller Kosten und hilft Ihnen, zusätzlich Energie einzusparen. Na, wie wär's damit?

Der Gegenvorschlag bringt zunächst die verlangte Gegenleistung zum Ausdruck, klar und unmittelbar, lässt dann das in Frage kommende Zugeständnis folgen, und weiter wertet er dieses Zugeständnis in den Augen des Kunden stark auf, um diesen schließlich zu einer Einigung zu bewegen.

### Fünf Ratschläge zum Erfolg

1. *Suchen* Sie während des ganzen Verkaufsprozesses nach den wichtigsten Faktoren des Kunden (Rentabilität, Lieferfristen, Finanzierung, Garantien ...).
2. *Vergleichen* Sie die wichtigsten Faktoren des Kunden mit den Ihrigen.
3. *Erstellen* Sie vor der Verhandlung eine Liste mit möglichen Gegenleistungen.
4. *Ziehen* Sie auch dann eine Gegenleistung in Betracht, wenn Sie ein Zugeständnis nichts kostet: Wenn Ihr Zugeständnis dem Kunden einen Vorteil bringt, muss dafür im Gegenzug auch etwas für Sie herausspringen.
5. *Übernehmen* Sie die Initiative, indem Sie nach neuen Lösungen suchen. Zögern Sie nicht, auch außerhalb der ausgetretenen Pfade Zugeständnisse oder Gegenleistungen vorzuschlagen.

## Wie findet die Goldene Regel Nr. 3 in besonders schwierigen Fällen Anwendung?

Wenn der Käufer über erhebliche Druckmittel verfügt, kann es unmöglich erscheinen, Gegenleistungen im Austausch mit unerlässlichen Zugeständnissen zu erhalten. Das stimmt nicht, wenn man sich an folgende Prinzipen hält:

Suchen Sie zuerst nach Gegenleistungen, die den Kunden wenig kosten, indem Sie besonders Forderungen qualitativer Art stellen: Vereinfachen Sie die Produktspezifikationen, lassen Sie sich vom Kunden die Vorzüge des Produkts schildern ...

Akzeptieren Sie ein bestimmtes Missverhältnis zwischen Zugeständnis und Gegenleistung: das Verhältnis Zugeständnis/Gegenleistung spiegelt in erheblichem Maß das Kräfteverhältnis zwischen Käufer und Verkäufer wider. Eine Gegenleistung ist, wenn auch nur symbolisch, einer einseitigen Konzession aus den eingangs des Kapitels aufgeführten fünf Gründen vorzuziehen.

Wenn nötig, fassen Sie die Verhandlungspunkte in Gruppen zusammen und tauschen Sie zwei oder drei unvermeidbare Zugeständnisse gegen eine angemessene Gegenleistung aus.

Beispiele von Gegenleistungen, die im Austausch für eine Preisermäßigung in Frage kommen: ein größeres Auftragsvolumen; eine länger andauernde Verpflichtung; kürzere Zahlungsziele; ein vorteilhafterer Zahlungsmodus; eine Lockerung der technischen Bestimmungen; die Übernahme verschiedener Arbeiten durch den Kunden; Änderungen der Garantiebedingungen; das Einverständnis des Kunden für den Kauf von Zusatzleistungen oder Verbrauchsgütern; ein Einverständnis des Kunden, ein anderes Produkt zu testen oder auszuzeichnen; eine Kundenaktion, um das Produkt anzupreisen oder anderen möglichen Käufern zu empfehlen; eine Vereinfachung der Verpackung; Verbesserungen hinsichtlich der Transportbedingungen; eine Verbesserung des Auftragssystems; eine Lockerung der Klauseln für Lieferverzögerungen (Satz; Höchstwert ...); Exklusivvertrag (alleiniger Lieferant) ...

### Eckpunkte zum Merken

Jedes Zugeständnis setzt eine Gegenleistung voraus: das ist eine absolut unumgängliche Regel.

Stellen Sie sich vor jeder Verhandlung eine Liste mit möglichen Gegenleistungen zusammen.

Beginnen Sie mit einer Eingangsfrage: „Wären Sie von Ihrer Seite bereit, die Frage nach ... zu prüfen?"

Formulieren Sie danach eine Eröffnung: „Wenn Sie (mir genau dieses Zugeständnis machen), werde ich meinen Standpunkt nochmals überdenken."

Machen Sie nun einen Gegenvorschlag: „Wenn Sie (mir genau dieses Zugeständnis machen), bin ich genau zu folgendem Kompromiss bereit."

In schwieriger Lage müssen Sie nach Gegenleistungen mit hohem Gewinn für den Verkäufer und niedrigen Kosten für den Kunden suchen.

## Hier wieder einige hilfreiche Fragen an Sie
*Allgemein betrachtet*
Welche Gegenleistungen verlange ich meinen Gesprächspartnern für gewöhnlich ab, um einen Preisnachlass auszugleichen?
Welche anderen Gegenleistungen kann ich noch bekommen?
Welches sind kurzfristig gesehen die gewinnbringendsten Gegenleistungen?
Welches sind auf Zeit die vorteilhaftesten Gegenleistungen?
Welche Gegenleistungen werden vom Kunden am ehesten akzeptiert?

*Bei einem Sondergeschäft*
Welche Interessen vertritt mein Gesprächspartner?
Welche Mittel stehen ihm zu Gebote, um diese Interessen zu wahren?
Welche Interessen versuche ich zu verteidigen?

Welches sind die besten Mittel, um diese zu unterstützen? Der Käufer versucht beispielsweise eine Ratenzahlung zu erhalten, um seine *Liquidität* zu entlasten. Ich ziehe eine Barzahlung vor, *um die Risiken zu mindern*. Ich kann einer Ratenzahlung zustimmen, wenn ich eine Garantie bekomme.

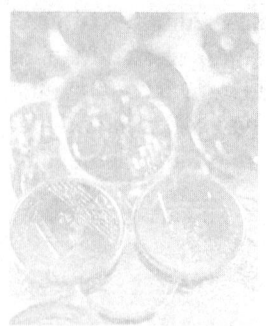

# Kapitel 9

# Nachgeben ja ... aber in kleinen Schritten

LAU: Ich habe Ihre Art zu verhandeln immer bewundert – nach dem Motto: Ich kam, ich sah, ich siegte ... das ist schon eine Kunst!
PREI: Auch nachgeben will gelernt sein.

Im Büro von Johann LAU, acht Jahre zuvor ...

LAU: Es freut mich, dass Sie zu uns gekommen sind ... das ist das erste Mal!
PREI: Ihrem neuen Produkt BB126 ist vielleicht eine große Zukunft beschieden bei uns ... Ich musste einfach dabei sein, wenn Sie das Projekt ins Leben rufen!
LAU: Im kommenden Jahr wird das BB126 etwa 50 % unserer laufenden Geschäfte ausmachen, gleichzusetzen mit dem BB52.
PREI: Welche Bedingungen haben Sie mir bei dem BB126 vorzuschlagen?
LAU: 4 % Ermäßigung vom Listenpreis.

PREI: Wo ich doch 10 % auf das BB52 habe?

LAU (ergeht sich lang und breit in den Vorzügen des neuen BB126): Ich kann Ihnen 5 % geben ...

PREI: Sie vergessen, dass Sie nicht der Einzige auf dem Markt sind ... Eine Ermäßigung von 10 % würde mir durchaus angemessen erscheinen!

LAU: Verlieren wir keine Zeit mit einer Diskussion um Kleinigkeiten. Treffen wir uns in der Mitte! Und schon haben Sie 7,5 % auf das BB126.

PREI: Warum nicht? ... Aber wenn das Produkt auf den Markt kommt, müssen Sie noch was drauflegen ...

Im Restaurant ...

LAU: An diesem Tag war ich schon ein wenig überrascht, dass Sie mein Preisangebot so schnell angenommen haben ... Ich hatte Sie hartnäckiger in Erinnerung!

PREI: Das ist vielleicht kein Zufall gewesen ...

LAU (plötzlich unruhig): Was wollen Sie damit sagen?

PREI: Ich darf offen zu Ihnen sein? Trotz einer scheinbar zufriedenstellenden Verhandlung sind Ihnen an diesem Tag drei Fehler unterlaufen, die auf Dauer sehr kostspielig waren ...

LAU: Das wären?

PREI: Der erste und schwerwiegendste war, dass Sie zunächst langsam heruntergeschaltet haben, von 4 auf 5 %, dann sehr schnell von 5 auf 7,5 %.

LAU: Haben Sie den Eindruck gehabt, noch andere Vergünstigungen zu bekommen?

PREI: Ja, wenn Sie sich dagegen von 4 auf 7 %, dann von 7 auf 7,5 % gesteigert hätten, dann wäre das für mich der normale Verlauf gewesen und hätte mir gezeigt, das Letzte herausgeholt zu haben ...

LAU: Und der zweite Fehler?

PREI: Dass Sie „halbe-halbe" gemacht haben. Dieser Fehler war noch folgenschwerer, da mir auffiel, dass die 7,5 %, die Sie mir geben wollten, willkürlich waren ... und, um bei Ihren Worten zu bleiben, je mehr ich fordere, desto mehr werde ich bekommen!

LAU (etwas verärgert): Das hat so aber nicht immer gestimmt. Und der dritte Fehler?

PREI (verlegen): Ich weiß nicht, ob ich Ihnen das sagen soll ...

LAU: Heraus damit!

PREI: Das wird für Ihre Firma das Ärgerlichste sein. Unter Druck haben Sie zugelassen, dass Ihr neues Produkt zu einem geringeren Preis verkauft wird ... und da Sie einmal damit angefangen hatten, waren Sie dazu verurteilt, für einen langen Zeitraum die Rentabilität unserer Geschäfte zu belasten.

LAU: Was hätte ich tun sollen?

PREI: So wenig wie möglich nachgeben, und so langsam wie möglich, vor allem aber mit dem Ziel, den Risikofaktor auf Zeit so gering wie möglich zu halten: z.B. durch einen zusätzlichen Nachlass auf das BB52, das einige Monate später sowieso vom Markt verschwunden wäre ...

LAU: ... oder weitere Zugeständnisse, nicht so kostspielig wie die Nachlässe!

PREI: Genau, z.B. zusätzliche Leistungen ...

LAU: ... bessere Liefertermine ...

PREI: In einem Wort, Sie hätten in kleinen Schritten nachgeben müssen.

# Goldene Regel Nr. 4: Wenn du schon nachgeben musst, so tue es in kleinen Schritten

Unabhängig von möglichen Gegenleistungen ist die Strategie der Zugeständnisse ein Schlüsselelement der Verhandlung. Man muss sechs Prinzipien beachten.

## 1. Vermeiden Sie es, als Erster ein wichtiges Zugeständnis zu machen

Es verhält sich im Tauziehen zwischen Verkäufer und Käufer so, dass derjenige von beiden, der zuerst bei einem wichtigen Punkt loslässt, einen doppelten Verlust hinnehmen muss: einmal in punkto Stellung, zweitens in punkto Image.

Beispiel: Der Hersteller möchte für 100 Euro verkaufen; der Benutzer möchte für 80 Euro kaufen; wenn nun einer der beiden schnell 90 Euro vorschlägt, ist er doppelter Verlierer: er sieht seine Aussicht auf Rentabilität schwinden und zeigt seinem Kontrahenten auf deutliche Weise, dass er bereit ist, die Höhe seiner Forderung stark herunterzuschrauben, um zu einer Einigung zu kommen. Nachfolgende Verhandlungen werden für diese Typen von Verhandlungsführern wahrscheinlich sehr schwer werden. Es kann dem Käufer dabei behilflich sein, das Gesicht zu wahren, indem man die erste wichtige Konzession durchsetzt. Ein wirksames Mittel, um sich vom Kunden das erste Zugeständnis von Bedeutung zu sichern, ist, auch selbst zu erwägen, in irgendeinem (unbedeutenden) Punkt ebenfalls nachzugeben, falls ...

## 2. Sagen Sie nein, bevor Sie ja sagen!

Weiter oben haben wir gesehen, dass der Verhandlungspartner bei der Bitte um ein Zugeständnis zuerst mit
einem Argument antwortet. Man kann anfügen, dass im
Falle einer Wiederholung der Bitte, und noch bevor
überhaupt der Vorschlag einer Gegenleistung gemacht
wurde, es wünschenswert wäre, mit „nein" zu antworten.
So erhöht man den Druck auf den Käufer und die Chancen,
im Anschluss eine Gegenleistung zu erhalten. Der am
häufigsten gemachte Fehler zu Beginn einer Verhandlung
besteht darin, dass man den Käufer im Glauben lässt,
„man könne sich einigen" ... Genau das Gegenteil muss
man machen!

## 3. Beschränken Sie jedes Zugeständnis auf das Minimum!

Insbesondere muss man die Versuchung unterdrücken,
„halbe-halbe" machen zu wollen. Beispiel: Sie bieten
10 % Nachlass an, der Kunde verlangt 20 %. Wenn nun
jeder eine Weile auf seiner Position beharrt, könnte man
meinen, dass 15 % ein guter Kompromiss sei, den man
dem Kunden vorschlagen könne. Falsch gedacht: Tatsächlich ist die vom Kunden gestellte Forderung in nichts
begründet, ferner ist durch nichts belegt, dass 15 % der
beste Vergleich zwischen 10 % und 20 % ist. Der Kunde
sieht den vorgeschlagenen Kompromiss (15%) einfach als
Ihre neue Forderungshöhe an und schließt daraus, dass er
künftig einen Vergleich zwischen 15 % und 20 %
anstreben muss.

Man muss also den Kunden dazu verleiten, den ersten
Schritt zu machen, und aus dem „Einklinkeffekt" Nutzen
ziehen: „Ich nehme noch nicht an, habe jedoch Ihren
neuen Vorschlag vernommen."

Wenn man selbst die Situation auflockern muss, macht man einen Vorschlag, der sich sehr nahe an die Ausgangsposition anlehnt (z. B. 12,5 %) und die Forderung einer Gegenleistung beinhaltet. Man muss sich dabei drei Tatsachen vor Augen führen:

- Der Käufer weiß nicht genau, inwieweit der Verkäufer mit sich verhandeln lässt.
- Der Käufer misst die Bedeutung der ihm gemachten Zugeständnisse an der Schwierigkeit, mit der sie zu erreichen sind. Eine sofortige Ermäßigung von 30 % ist nichts wert: In den Augen des Käufers war der Preis von vornherein überteuert. Im Gegenzug verschafft ein Nachlass, der nach einer komplizierten Verhandlung erreicht wurde, dem Käufer eine große Befriedigung.
- Hat man eine Konzession einmal zugestanden, kann sie nicht noch einmal bewilligt werden: jeder hat schließlich das Bestreben, seine Trümpfe zurückzuhalten, anstatt sie überhastet oder zu freigiebig ins Spiel zu bringen.

## 4. Wählen Sie die Zugeständnisse, die Sie zu machen bereit sind, selbst aus

Nichts verpflichtet den Verkäufer, auf die Bitte nach einem Zugeständnis des Käufers mit „ja" oder „nein" zu antworten. Vielmehr liegt der Schlüssel zum Erfolg in der Fähigkeit, das Spiel zu „verlagern" und dem Kunden genau das zu bewilligen, was man für sich vorher schon entschieden hat. Es gibt hierfür eine Schlüsselformulierung: „In diesem Punkt kann ich nichts machen. Im Gegenzug möchte ich Ihnen einen Vorschlag unterbreiten … " Man versucht damit der Gefahr aus dem Wege zu gehen, zu kostspielige Konzessionen zu machen, die nur schwer rückgängig zu machen sind oder in Bezug auf andere Produkte oder Kunden das Risiko der Ansteckung bergen.

## 5. Ziehen Sie weniger wichtige Zugeständnisse in Betracht

Die Gründe sind vorwiegend psychologischer Natur: In der Verhandlung ist es wie in einem Spiel, jeder der „Mitspieler" versucht, die Karten des Kontrahenten zu erraten. Das Spiel ist dann zu Ende, wenn jeder das Gefühl hat, die möglichen Konzessionen des Gegenspielers ausgereizt zu haben. Die Tatsache, dass man seine Zugeständnisse so nach und nach verringert, signalisiert dem Spielpartner eine Botschaft: „Die Zitrone ist ausgelutscht, da kommen die letzten Tropfen ... " Diese Methode verfolgt also drei Ziele:

- Sie bewahrt die Rentabilität des Verkaufs.
- Sie vermittelt dem Käufer das Gefühl, gut verhandelt zu haben.
- Sie erhöht die Chancen auf einen schnellen Abschluss.

## 6. Zögern Sie Antworten häufiger hinaus

Ungeachtet der Höhe der Machtbefugnisse des Verkäufers kann es diesem nützlich sein, um nicht unmittelbar antworten zu müssen, etwa bei der Bitte um ein Zugeständnis firmeninterne Gründe anzugeben. Beispiele: „Ich muss verschiedene Informationen mit der technischen Abteilung abklären ..."; „Ich muss die Lage mit meiner Direktion besprechen ..."; „Vor einer endgültigen Entscheidung muss ich die Sache dem Leiter der Finanzabteilung vorlegen ..." Das Hinausschieben einer Entscheidung kann dem Verkäufer erhebliche Vorteile bringen.

Wenn die Antwort „nein" lautet: Der Käufer hat das Gefühl, dass der Verkäufer alles getan hat, um grünes Licht zu erhalten, es jedoch vergebens war. Er, der Käufer, hat also bestens verhandelt und die Schmerzgrenze der Zugeständnisse des Verkäufers erreicht.

Wenn die Antwort „ja" lautet, ist der Käufer überzeugt, einen wichtigen Vorteil ergattert zu haben, der schwer erkämpft werden musste.

Wie auch immer die Antwort ausfallen mag: bei Forderungen seitens des Käufers ist immer die Bremse zu ziehen. Diese Taktik ist dann besonders angebracht, wenn der Kunde unter Zeitdruck steht. Wenn man überdies seine Entscheidungen je nach Ablauf der Verhandlung hinausschiebt, zeigt man dem Käufer damit, dass er nicht mehr oder nur noch wenig gewinnt, wenn er das Spiel durch zusätzliche Forderungen in die Länge zieht.

## Wie lässt sich die Goldene Regel Nr. 4 in besonders schwierigen Fällen anwenden?

In allen Fällen, in denen der Kunde am Drücker ist, Sie jedoch den Faktor Zeit auf Ihrer Seite haben, bietet sich oben erwähntes Mittel an, die Entscheidung hinauszuzögern. Im Allgemeinen ist dies die wirkungsvollste Technik, vorausgesetzt, der Verhandlungspartner bewahrt seinen Status als würdiger Gesprächspartner ... wenigstens eine Zeit lang.

*Was können Sie versuchen im Falle, dass die Uhr gegen Sie läuft?*
Dem Käufer gegenüber: unbedingt die Prinzipien Nr. 2 (nein sagen, bevor Sie zustimmen) und Nr. 4 anwenden (kleiner werdende Zugeständnisse). Wenn möglich, schla-

gen Sie Zugeständnisse vor mit der Bedingung, diese erst prüfen zu müssen und sich die Antwort innerhalb dieser Frist vorzubehalten.

Sich selbst gegenüber: annehmbare Risiken akzeptieren, d.h. etwas weniger nachgeben, als nötig erscheint.

In all diesen Fällen: Loten Sie Art und Höhe der Konsequenzen der vom Käufer verlangten Zugeständnisse genau aus, wie wir es schon bei der „direkten Tabellenauswertung" im ersten Teil gemacht haben.

**Eckpunkte zum Merken**

Vermeiden Sie es, als Erster ein entscheidendes Zugeständnis zu machen.

Zuerst nein sagen, bevor Sie zustimmen.

Vermeiden Sie es, halbe-halbe zu machen: Jedes Zugeständnis auf ein Minimum beschränken.

Machen Sie (bei langwierigen Verhandlungen) während des Ablaufs zweitrangige Zugeständnisse bei immer länger werdenden Zeiträumen.

Verlagern Sie die Forderungen des Kunden auf weniger kostspielige Zugeständnisse oder solche, die auf Dauer weniger riskant sind.

**Wie schon bekannt, hier einige nützliche Fragen an Sie:**

Welche Zugeständnisse kosten am meisten, welche am wenigsten?

Welche Zugeständnisse ziehen auf Dauer die meisten Folgen nach sich, welche die wenigsten?

Welche Zugeständnisse sind am sichersten, welche sind am ehesten dem Zufall überlassen?

Welche Art von Zugeständnis halte ich mir in Reserve, als „letzten Tropfen" zum Herauspressen?

## Ein Mittel zur Anwendung der Goldenen Regeln Nr. 3 und 4: die Tabelle der Konzessionen — Gegenleistungen

Es gilt Folgendes zu erstellen:
Einerseits, ausgehend von der Übersicht der Ziele (siehe Goldene Regel Nr. 1, Seite 89), die Liste mit den *voraussichtlichen Zugeständnissen* im Verlauf der Verhandlung sowie den wichtigsten Zugeständnissen, mit denen der Kunde rechnet (die aber aus unserer Sicht nicht zu verhandeln sind); andererseits die Liste mit den zu erwägenden Gegenleistungen, wobei die wichtigsten, „idealen" Gegenleistungen unten in der Tabelle separat stehen – man weiß, dass sie vom Standpunkt des Kunden aus nicht zu verhandeln sind.

|  | Zugeständnisse | Gegenleistungen |
|---|---|---|
| Leicht möglich | • Lieferungen um 15 Tage vorgezogen<br>• Ein Jahr Personalausbildung | • Einfachere Verpackung<br>• Bestellung von x Teilen<br>• Sammellieferungen |
| Unter Bedingungen möglich | • Wartungsangebot über 6 Monate<br>• Preisnachlass < 2 % | • Vorauszahlung<br>• Probeauftrag von Produkt Z |
| Unmöglich | • Preisnachlass > 2 % | • Alleinvertretung auf 2 Jahre |

Benutzen Sie die Tabelle vor der Verhandlung, um abzuklären, wo mögliche Einigungen erzielt werden können, aber auch in der Verhandlung, in Anbetracht der

**145**

Forderungen des Kunden nach Zugeständnissen, damit Sie nach drei Richtungen offen sind.

*Abschrecken*
Es geht darum, dass man zunächst eine gesalzene Gegenleistung fordert, um deren Unerfüllbarkeit man weiß. Dadurch gewinnt man zwei Vorteile:

- Man verleitet den Kunden, seine eigene Forderung aufzugeben oder wenigstens herunterzuschrauben.
- Man erreicht leichter eine realistische Gegenleistung durch Beherzigen der Goldenen Regel Nr. 1 (ein reales Ziel, aber eine sehr gehobene Einstiegsforderung).

*Durchsetzen*
Mittels der Tabelle kann man alle in Frage kommenden Gegenleistungen seitens des Kunden im Austausch für ein Entgegenkommen von unserer Seite Revue passieren lassen. Die angestrebten Vorteile sind:

Man vermeidet, unter Druck nachzugeben, ohne eine Gegenleistung zu haben.

Man vermehrt die Anhaltspunkte, die eine Einigung im Falle einer Blockierung doch noch ermöglichen.

*Verlagerung*
Der Verkäufer muss die Zugeständnisse herauspicken, die am günstigsten sind, am ehesten umkehrbar, am wenigsten „ansteckend" ... um das Spiel eher in Richtung dieser Konzessionen zu lenken, als diejenigen zu bewilligen, die der Kunde fordert.

|  | Zugeständnisse | Gegenleistungen |
|---|---|---|
| Leicht möglich | • Lieferungen um 15 Tage vorgezogen<br>• Ein Jahr Personalausbildung | • Einfachere Verpackung<br>• Bestellung von x Teilen<br>• Sammellieferungen |
| Unter Bedingungen möglich | • Wartungsangebot über 6 Monate<br>• Preisnachlass < 2 % | • Vorauszahlung<br>• Probeauftrag von Produkt Z |
| Unmöglich | • Preisnachlass > 2 % | • Alleinvertretung auf 2 Jahre |

**147**

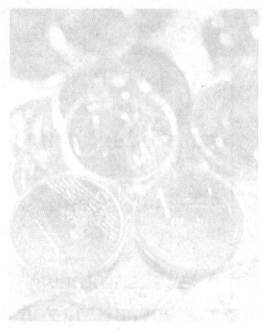

# Kapitel 10

# Hase und Igel

LAU: Für den Verkäufer ist es bitter, wenn er zu schlechten Bedingungen abschließen muss ...
PREI: Ist es nicht am schlimmsten, wenn man gar nicht abschließen kann?

Im Konferenzraum, zwei Jahre vorher ...

Anton PREI schüttelt verneinend den Kopf und bemerkt: „Was den Preis angeht, müssen Sie noch etwas drauflegen, Herr LAU ... Sie sind damit jenseits von Gut und Böse." Es entspinnt sich eine Diskussion um den Preis. Johann LAU steht hinter seinem Angebot und schlägt eine Ermäßigung von 8 % vor, aber der Käufer verlangt 15 %. LAU erklärt, nicht über 12 % gehen zu können. Anton PREI nimmt es zur Kenntnis. Gerade in dem Moment, wo Johann LAU schon mit dem Auftrag rechnet, meldet sich sein Gegenüber erneut zu Wort: „Das Problem, Herr Lau, sind vor allem Ihre Zahlungsbedingungen! Sie schlagen uns 60 Tage vor, wo doch unsere allgemeinen Einkaufsbedingungen auf 90 Tage zum Ende des Monats am 10. vereinbart sind. Gut, wenn Sie sich nicht daran halten, werden wir wohl nichts zusammen machen können ..." Man diskutiert weiter über die Zahlungsbedingungen. Johann LAU verteidigt mit Überzeugung seine Firmenpolitik. Aber er fühlt, wenn er nicht nachgibt, werden seine ganzen Bemühungen zunichte gemacht. Er willigt auf 90 Tage zum Ende des Monats ein. „Ich habe 10 Tage gerettet", denkt er. Johann LAU ist jetzt um einiges entspannter. Der Abschluss ist greifbar nahe. Aber der Käufer beugt sich nach vorne: „Dann gibt es da noch etwas, worüber ich mit Ihnen sprechen wollte, aber das soll Sie nicht vor Probleme stellen. Ich habe bemerkt, dass Sie in ihrem Angebot die Einrichtung der Hardware berechnen. Nun, die Mehrheit Ihrer Konkurrenten übernimmt diese Kosten, vor allem bei einem so großen Auftrag wie meinem. Könnten Sie sich ebenfalls dazu entschließen?" Johann LAU seufzt, schließt für einen kurzen Moment die Augen und sagt sich: „Jetzt nur ja keinen Grund liefern, den er zum Vorwand nehmen könnte, das Geschäft zu torpedieren." So antwortet er murmelnd: „Einverstanden, wenn Sie es so wollen." Er schickt sich an, seine Unterschrift unter den Vertrag zu setzen, als Anton PREI unschuldig wissen will: „Dass wir uns recht verstehen, Ihr Angebot versteht sich inklusive einer Gratislieferung von Verbrauchsgütern in den ersten sechs Monaten?" Johann LAU schreckt hoch, sein Puls ebenfalls. „Aber nein! Und im Übrigen wissen Sie ja, dass diese Waren zu einem separaten Angebot gehören, das Ihnen zugesandt worden ist." Der Käufer lässt sich in seinen Sessel zurückfallen und streckt die Arme von sich als Zeichen der Ohnmacht. „Hmh, Herr Lau, so hatte ich das aber verstanden ... Na ja, Sie werden diesbezüglich sicher etwas machen können!" Das war zu viel. Johann LAU unterdrückt seinen Zorn und erwidert kühl: „Ich werde darüber mit meiner Direktion sprechen, aber es würde mich schon sehr wundern, wenn das machbar wäre. Wir sind Ihnen schon sehr entgegengekommen." Der Käufer deutet auf sein Telefon: „Gut, Herr Lau, da ist mein Telefon, auf was warten Sie noch?" Aber Johann lässt sich nicht unter Druck setzen. Er erhebt sich und bedeutet dem Käufer, er werde ihm am nächsten Tag telefonisch Bescheid geben. Er verabschiedet sich, wobei er seine Enttäuschung über den sich verzögernden Abschluss nur schwer verbergen kann. Als er allein ist, ordnet Anton PREI seine Unterlagen. Dann holt er einen Ordner hervor und telefoniert: „Hallo, Herr Martin? Es ist mir fast unangenehm, Herr Martin, denn Ihr Konkurrent Herr Lau hat mir interessante Vorschläge gemacht. Ich muss Ihr Angebot nochmals prüfen ..."

Im Restaurant ...

LAU: Ich frage mich oft, wie es möglich war, dass ich beim Preis und bei den Bedingungen so viel zugegeben habe, nur um das Geschäft letztlich doch zu verlieren!
PREI: Nun ja, da könnte man sich schwarz ärgern ...
LAU: Jedesmal, wenn ich ein Zugeständnis gemacht habe, hatte ich den Eindruck, jetzt bist du an der Ziellinie ...
PREI: Warum sind Sie nicht drüber?
LAU: Wie denn?
PREI: Sie hätten mich doch einfach fragen können: „Mal vom Preis abgesehen, was das Übrige angeht, sind wir uns da einig, Herr Prei?"
LAU: Und wenn Sie ja gesagt hätten?
PREI: Dann hätten Sie anfügen können: „Wenn wir uns hierin also einig sind, darf ich doch jetzt mit Ihrem Auftrag rechnen?"

LAU: Hätten Sie unterzeichnet?

PREI (lachend): Nehmen Sie noch etwas Soße?

LAU (völlig fertig): Jetzt fällt mir alles wie Schuppen von den Augen ...

# Goldene Regel Nr. 5: Bringe den Kunden zum Abschluss!

Beim Geschäftsabschluss muss erst geklärt werden, wann man zum Abschluss kommen möchte.

Entgegen einer vorgefassten Meinung ist es nicht unbedingt erstrebenswert, eine Verkaufsverhandlung schnell unter Dach und Fach zu bringen. Wenn man zum Beispiel vermutet, dass der Kunde unbedingt vor einem unmittelbar bevorstehenden Termin zum Abschluss kommen muss und der Druck durch die Konkurrenz objektiv schwach ist, liegt es wahrscheinlich im Eigeninteresse, die Prozedur hinauszuschieben. Bei einem schnellen Abschluss kann man in der Tat wichtige Zugeständnisse voraussetzen. Wenn der Käufer nun allmählich mit der Dringlichkeit konfrontiert wird, ist er gezwungen, mit seinen Forderungen kurz zu treten, um eine Übereinstimmung zu erzielen. Der Gebrauch dieser Hinhaltetaktik ist also ein probates Mittel, um Zeit zu gewinnen. Es lassen sich auch noch andere finden: Lassen Sie Probeläufe durchführen, laden Sie den Kunden vor Verkaufsabschluss zu einer Betriebsbesichtigung ein, etc.

Im umgekehrten Fall, wenn wir unbedingt vor einem direkt bevorstehenden Termin zum Abschluss kommen müssen und der Druck seitens der Konkurrenz erheblich ist, versteht es sich von selbst, dass man schnellstens abschließen muss – nach Abklärung der folgenden Punkte:

- Ist unsere „Fälligkeit" intern verhandelbar?
- Laufen wir objektiv Gefahr, einem Konkurrenten Tür und Tor zu öffnen, wenn wir den Abschluss um zwei Tage oder länger hinauszögern?

Zusammengefasst lässt sich sagen, dass, wenn man abschließen muss, Geduld oft unerlässlich ist. Auf alle Fälle muss der Verkäufer eine klare Vorstellung haben, wann er zu Abschluss kommen möchte.

Muss ich „en bloc" verhandeln oder „Punkt für Punkt"?

Die Punkt-für-Punkt-Methode, auch „Salami-Taktik" genannt, kann mehrere Vorzüge haben:

Sie gibt beiden Partnern das Gefühl, voranzukommen bei jedem Punkt, über den man sich teilweise geeinigt hat; durch sie kann man eventuell Schritt für Schritt die Standpunkte eines in der Defensive befindlichen Kontrahenten unterhöhlen, ohne einen Abbruch des Gesprächs heraufzubeschwören; sie ermöglicht es weiterhin, gegenüber einem Kontrahenten, der aufgrund der Gesamtlage maßgeblich die Oberhand hat, Zeit zu gewinnen: wenn man die Informationen „scheibchenweise" auf die Dauer der Verhandlung verteilt, kann das dazu beitragen, den Kern zu bewahren ...

Jedoch beinhaltet diese Salami-Taktik, verglichen mit der Verhandlung „en bloc", zwei grundsätzliche Nachteile: Sie macht innovative oder ausbaufähige Lösungen praktisch unmöglich und birgt ständig die Gefahr einer Blockierung durch zusätzliche Forderungen des Kunden (siehe Beispiel LAU und PREI). Demzufolge liegt es in der Regel im Interesse des Verkäufers, „en bloc" zu verhandeln, um zumindest in den wichtigen Punkten eine grundsätzliche Übereinstimmung zu erzielen.

# Anwendungsprinzipien der Goldenen Regel Nr. 5

## Der Vorabschluss

Hier geht es vorwiegend um Fragen hinsichtlich der Verpflichtung von Konditionen: „Wenn wir in diesem Punkt einig sind, darf ich dann schon jetzt mit Ihrem Auftrag rechnen?" Mittels dieser Methode können drei Ziele erreicht werden:

1. Sie versichern sich, dass es keine weiteren Verhandlungspunkte gibt, die im Argen liegen.
2. Sie vergewissern sich, dass Ihr Gegenüber in der Lage ist, die Entscheidung zu treffen (wenigstens insofern dieser entscheidende Faktor nicht schon vorher überprüft wurde).
3. Sie können den Abschluss „abriegeln": Der Käufer befindet sich in der Tat in einer heiklen Situation, die ihm, sollte er auf die gestellte Frage mit „nein" oder „vielleicht" antworten, fast jede Aussicht auf ein zufriedenstellendes Ergebnis nimmt; antwortet er mit „ja", verpflichtet er sich zum Abschluss.

Wie wendet man diesen „Vorabschluss" an? Zuvor ein Rat: Gehen Sie in zwei Schritten vor.

*Stellen Sie zunächst eine „grundsätzliche" Frage.* Es handelt sich um eine direkte Frage, die den Gegenstand Ihrer Besorgnis zum Ausdruck bringt: „Abgesehen vom Preis, gibt es noch andere Faktoren, die Sie gerne besprechen würden?"
„Müssen Sie noch jemand anderen in die Entscheidungsfindung mit einbeziehen?"

*Stellen Sie dann die Frage nach der „Verpflichtung".* Mit dieser Frage können Sie den Verkaufsabschluß „festzurren": „Wenn wir uns also über den Preis einig sind, kann ich heute mit Ihrem Auftrag rechnen?"

## Erstellen Sie gemeinsam mit dem Kunden eine Liste der zu besprechenden Punkte

Die Anzahl der zu verhandelnden Punkte kann sich von einem (dem Preis) auf ein paar Dutzend erstrecken, ohne die komplexeren Verhandlungen mit einzubeziehen, wie den Verkauf von Atomkraftwerken oder die Überschreibung von Gesellschaften bzw. ganzen Firmengruppen. In allen diesen Fällen ist es angebracht, das *Verhandlungsumfeld einzukreisen:* um es zu begrenzen und zu verhindern, dass der Käufer die Liste seiner Forderungen ständig erweitert, und um einen Gesamteindruck zu bekommen, wo eine Einigung zustande gekommen ist, und wo noch nicht. Somit kann man, wie wir gesehen haben, entweder ganzheitliche Lösungsvorschläge machen, also „en bloc", oder, sollte es nötig sein, Punkt für Punkt vorgehen. Hier kann man dann auf der Liste die Themen abhaken, wo eine Einigung erzielt wurde. Vorsicht! Die verwendete Terminologie ist wichtig. Es ist besser, Sie sprechen von Themen, die zu „prüfen" sind, als von Punkten, die zu „verhandeln" sind, damit Sie nicht den Eindruck erwecken, in jedem Punkt nachgeben zu wollen!

## Die Initiative übernehmen, wenn es um den Abschluss geht

Wie wir gesehen haben, ist der Begriff „Abschluss" unterschiedlich zu verstehen, je nachdem, ob es sich um einen „einfachen Verkauf" handelt oder eine „Verkaufsverhandlung". Beim „einfachen Verkauf" ist der Verkäufer gut beraten, den Abschluss von sich aus einzuleiten: Es geht in der Tat darum, die Zögerlichkeit des Kunden zu überwinden und somit zu vermeiden, dass die Konkurrenz vor Ihnen das Rennen macht. Auch in der Verkaufsverhandlung muss der Verkäufer die Initiative übernehmen, aber aus anderen Gründen. Der Kunde wird freilich erst dann von sich aus auf einen Abschluss drängen, wenn er der Überzeugung ist, alle möglichen Konditionen des Verkäufers ausgereizt zu haben. Deshalb liegt es in seinem Interesse, abzuwarten, bis der Verkäufer das Geschäft unter Dach und Fach bringen will.

*Vier Ratschläge, um erfolgreich zu einem Abschluss zu gelangen:*

- Erwecken Sie nie den Anschein völliger Zufriedenheit – der Käufer könnte sich sagen: „Ich habe mich reinlegen lassen" oder „Da hätte ich noch viel mehr herausholen können" ...

- Halten Sie sich einen „Joker" in Reserve: nichts deutet darauf hin, dass der Käufer annimmt – im Gegenteil, die Bereitschaft des Verkäufers zum Abschluss ist naturgemäß verdächtig, weil dadurch angenommen wird, dass er mit dem erzielten Ergebnis zufrieden ist. Es ist durchaus möglich, dass der Käufer (mindestens) noch eine Forderung stellt, bevor er dem Abschluss zustimmt.

- Erwarten Sie keine überschwängliche Zustimmung des Käufers: schon allein um die Form zu wahren, gibt sich der Käufer generell mit dem Ergebnis der Verhandlung unzufrieden. Indem er seinem Frust, seiner Enttäuschung Ausdruck verleiht, hofft der Käufer ein zusätzliches Zugeständnis zu ergattern oder dem Verkäufer eine moralische Verpflichtung aufzudrücken (in Anbetracht zukünftiger Geschäfte). Der Verkäufer muss also unterscheiden zwischen einer strikten Ablehnung eines Abschlusses und rein formalen Einwänden.

- Etwas vorzuschlagen ist besser als etwas zu erzwingen. Wenn man versucht, die Auswahl des Käufers zu verringern oder ihm eine Lösung aufzuzwingen, ist es häufig so, dass er alle Mittel einsetzt, um diesem „Schraubstock" zu entkommen. Hat er den Eindruck, dass man versucht, „seinen Willen zu beugen", wird er all seine Energie dazu aufbringen, seine Positionen aufrecht zu erhalten und den Spieß umdrehen. Umgekehrt kommt der am besten zum Abschluss, der Argumente vorbringt, Alternativen zu bedenken gibt. Kurz gesagt: der Ton macht die Musik.

Dann gilt es, sich eine einfache Wahrheit ins Gedächtnis zu rufen: „Der Kunde muss mit seiner Entscheidung zufrieden sein." Wie heftig die Wortwechsel auch sein mögen, welche Interessen auch auf dem Spiel stehen, es ist notwendig für den Verkäufer, dass der Kunde am Ende des Verhandlungsgesprächs das Gefühl mitnimmt, „ein gutes Geschäft getätigt zu haben".

Was kann mir als Kunde ein solches Gefühl vermitteln?

- Unter dem Normalpreis gekauft zu haben;
- Weniger bezahlt zu haben als beabsichtigt;
- Die Tatsache, dass andere mir bestätigen, ein gutes Geschäft getätigt zu haben;
- Die Überzeugung, das „Letzte" herausgeholt zu haben;
- Das Gefühl, dass ich es geschafft habe, ein Produkt zu erwerben, das auch andere gleichermaßen begehren;

- Der Eindruck, dass durch diese Entscheidung meine Kompetenz herausgestellt wird (oder: mein Geschmack, meine Möglichkeiten, mein Wagemut, mein Humor ...);
- Die Gewissheit, meine Wahl nicht eines Tages zu bereuen (Kauf mit gutem Gewissen);
- Die Tatsache, ein gleichwertiges Produkt günstiger eingekauft zu haben als anderswo.
- Günstiger eingekauft zu haben als andere ( z. B. meine Konkurrenten).

Es versteht sich von selbst, dass der Verkäufer ein Interesse hat, seinem Kunden gute Gründe zu liefern, um zufrieden zu sein; das müssen nicht unbedingt die Punkte 8 und 9 sein!

## Wie lässt sich die Goldene Regel Nr. 5 in besonders schwierigen Fällen anwenden?

Als schwierigsten Fall kann man wohl bezeichnen, wenn die Entscheidung in Abwesenheit des Verkäufers getroffen wird.

Angenommen, eine Verkaufskommission empfängt die einzelnen Lieferanten und trifft dann allein die Entscheidung.

Oder ein Käufer empfängt die Verkäufer und legt die Akten hinterher einem Ausschuss vor, in dem die Entscheidung gemeinsam gefällt wird.

In beiden Fällen ist es für den Verkäufer sehr schwer, die Verhandlung in Richtung Abschluss zu beeinflussen. Was tun? Es gibt spezialisierte Seminare und Werke, die sich alle mit dem Herantasten an so genannte „Entscheidungsträger" im wirtschaftlichen Bereich befassen, diese

Situation ist nicht Gegenstand dieser Abhandlung. Was die Verhandlung Auge in Auge mit dem Käufer anbelangt, gibt es drei Möglichkeiten:

Beziehen Sie den Gesprächspartner persönlich mit ein.

Bringen Sie ein Gespräch von Mensch zu Mensch in Gang: Ziehen Sie die Ich-Form dem „wir" vor: „Herr Lehmann, ich übernehme Ihnen gegenüber persönlich die Verpflichtung ... "

Versuchen Sie, den Gesprächspartner moralisch zu verpflichten.

Nur allzu oft lässt der Verkäufer dem Käufer die Möglichkeit, sich hinter einer Gruppe von Entschei-dungsträgern zu verschanzen, ohne persönliches Engage-ment an den Tag zu legen. Mit ein paar einfachen Fragen lässt sich die Position des Verkäufers erheblich festigen.

Käufer: Gut, aber vor der Zusammenkunft des Sitzungsaus-schusses kann ich Ihnen nichts Definitives sagen.
Verkäufer: Was haben Sie denn persönlich für ein Gefühl bei unserem Angebot?
Käufer: Es erscheint mir überaus interessant, aber ich kann in der Sache nicht allein entscheiden.
Verkäufer: Also Sie selbst sind davon überzeugt, dass unser Angebot „sehr interessant" ist.
Käufer: Ja, absolut.
Verkäufer: Was hat denn an unserem Angebot besonders Ihre Aufmerksamkeit erregt?
Käufer: Ganz ohne Zweifel bringt uns Ihr Kontrollverfah-ren eine zusätzliche Sicherheit, und ( ... )

Geben Sie dem Gesprächspartner die Mittel an die Hand, die es Ihnen erlauben, Ihr Angebot vorzulegen und zu verteidigen: Akten, Dias, Transparente können ihm dabei helfen, vom Ausschuss grünes Licht zu bekommen.

Trennen Sie grundsätzliches Einverständnis und die Verhandlung zweitrangiger Punkte.

Manchmal ist es möglich, den Abschluss nach einer komplexen Verhandlung zu erreichen, indem man die Aushandlung der „zweitrangigen" Punkte ablehnt, solange in der Hauptsache noch keine Übereinstimmung erzielt wurde. Auf diese Art kann man bis zur höchsten Verhandlungsebene des Kunden vordringen, um die „grundsätzliche Einigung" auszuhandeln (z. B. Produkt, Preis) und anschließend über die einzelnen Nebenpunkte in einer späteren Sitzung zu sprechen. Seien Sie jedoch vorsichtig, dass Sie das Kräfteverhältnis nicht missbrauchen, das nach einem grundsätzlichen Einverständnis des Kunden für den Verkäufer sehr vorteilhaft wird.

Denken Sie daran, dass auch die Art der Entscheidungsfindung selbst verhandelbar sein kann.

Mit Ausnahme der Verfahren, die sich auf bestimmte öffentliche Märkte beziehen, haben alle internen Abläufe und Organisationen, die mit Einkaufsentscheidungen befasst sind, ihren Ursprung gleichermaßen in Verhandlungen ... Nun gibt es ein Prinzip, das da lautet: Alles, was durch Verhandeln erreicht wurde, kann ebenso durch Verhandeln wieder zunichte gemacht werden. Sie haben nun die Aufgabe, Ihren Fall als „Besonderheit" herauszustellen, die gesondert behandelt werden muss ...

**Eckpunkte zum Merken**

*1. Prinzipienfrage:* „Abgesehen von diesem Punkt, können wir uns über den Rest einigen?"

Machen Sie niemals Zugeständnisse in Bezug auf den Preis, solange zu allem Übrigen noch keine Zustimmung erfolgt ist.

2. *Abschlussfrage:* „Wenn wir uns also über diesen Punkt einig werden, geben Sie mir sofort Ihre Zustimmung?"

**Auch hier wieder unsere Fragen**

Wann möchte ich dieses Geschäft letztendlich abschließen?

Wer ist der endgültige Entscheidungsträger?

# Dritter Teil

# Standhaft bleiben in den schwierigsten Situationen

*Uns wurde gesagt: Man soll seinen Feind auf Erden nicht schlagen ...*
*Aber wann dann?*

Lucien Guitry

# Kapitel 11

# Tappen Sie nicht in die Fallen der Profieinkäufer

LAU (lächelt verständnisvoll): Da waren schon Situationen, wo Sie die Grenzen überschritten haben ...
PREI (spielt den Ahnungslosen): Ah ja? Nun, Sie wissen schon, jeder macht das, was er kann ...
LAU: Nein, mir fallen da ein oder zwei Gespräche ein, wo Sie durch die Wahl Ihrer Mittel nicht gerade zimperlich mit mir umgesprungen sind, und das ganz zu Anfang ... Sie haben mir gewissermaßen ...
PREI: Fallen gestellt?
LAU: Wenn Sie so wollen, ja ...

Im Büro von Anton PREI, zehn Jahre zuvor ...

Johann LAU ist schlecht drauf. Er musste sich fast zwei Stunden gedulden, bis man ihn zu Herrn PREI vorließ, und das in einem kleinen, überheizten Zimmer. Dort dirigiert ihn sein Käufer in einen niederen, unbequemen Sessel. Eine Ablagemöglichkeit für seine Akten ist auch nicht

**163**

vorhanden. Noch während er diverse Papiere sortiert, erklärt Herr PREI mit gleichgültiger Stimme: „Ich habe wenig Zeit für Sie. Sie sehen ja, dass ich sehr beschäftigt bin – vor allem mit Ihren Kollegen von der Konkurrenz. Wie sieht Ihr Angebot aus?"

Johann LAU versucht, Ruhe in die Situation zu bringen: Fragen im Zusammenhang mit den Geschäften zu stellen, auf die Marktentwicklung zu sprechen zu kommen ... bis der Käufer brüsk unterbricht: „Lange Rede, kurzer Sinn, ich bin bereit, für dieses Geschäft 300 000 Euro auszugeben und keinen Cent mehr. Sagen Sie mir bitte hier, jetzt und gleich, ob Sie daran interessiert sind oder nicht." LAU zögert. Der genannte Preis stellt die äußerste Grenze seiner Verhandlungsmöglichkeiten dar. Er überlegt kurz, dann zu Herrn PREI: „Nein, unmöglich." Anton PREI geht noch weiter: „Wenn Sie dieses Geschäft nicht machen, werden Sie zu keinem weiteren mit uns mehr die Gelegenheit haben. Ich bezweifle, dass Ihre Direktion erfreut sein wird, wenn Sie von heute auf morgen einen Kunden wie mich verlieren ... Habe ich mich klar ausgedrückt, Herr Lau?" Dann fügt er hinzu: „Ich lege diese Akte heute abend unserem Ausschuss vor. Ich brauche Ihre Antwort jetzt gleich." Johann LAU versucht, Zeit zu gewinnen, und gibt vor, die Angelegenheit mit seiner Direktion abklären zu müssen. „Na also, da steht mein Telefon, nur zu!" Johann LAU erkennt, dass er keine Wahl hat, und akzeptiert den verlangten Preis. Der Käufer lächelt und ist sichtlich erfreut, weil er sich durchgesetzt hat. „Ich unterschreibe den Auftrag noch heute abend. Sehen Sie, Herr Lau, Sie haben Ihren Auftrag!" Johann entspannt sich. Die Stunden des Wartens waren nicht vergebens. So ein Geschäft musste er einfach mitnehmen und „Punkte sammeln" gegenüber der Konkurrenz. Das wäre geschafft, ich kann beruhigt ins bevorstehende Wochenende gehen, denkt sich Johann LAU. Herr PREI schickt sich an, Johann hinauszubegleiten. Nach einem Augenblick des Zögerns, so als wolle er sich sammeln, will er lächelnd wissen: „Wir verstehen uns recht, Sie gewähren mir einen Jahresbonus von 2 % ?" Johann ist außer sich: „Aber wieso das denn? Davon war nie die Rede!" Der Käufer nimmt wieder Platz, und mit enttäuschter Miene: „Ach, wenn das so ist, fürchte ich, müssen wir noch mal von vorne beginnen ... " Johann LAU fühlt sich in die Enge getrieben, frustriert, gedemütigt. Er möchte die Unterhaltung hier abbrechen und schlägt für die Regelung der übrigen Vertragsbedingungen einen weiteren Termin vor. Als er Johann zur Tür bringt, versucht Anton PREI zu beschwichtigen: „Die Hauptsache hätten wir, Herr Lau. Wir sind uns in allem einig, mit Ausnahme dieser Bonusgeschichte, die für mich außerordentlich wichtig ist. Ich würde Ihnen da gerne entgegenkommen, aber offen gesagt, kann ich diesbezüglich nicht nachgeben. Ehrlich." Auf dem Rückweg schöpft Johann wieder Hoffnung. Wenn er seinem Vertriebsdirektor die Akte „gut verkauft", sollte er den erbetenen Jahresbonus für seinen Kunden eigentlich erhalten können ...

Im Restaurant ...

LAU: An diesem Tag haben Sie schweres Geschütz aufgefahren ...
PREI (ein wenig verlegen): Schon möglich ...
LAU: Da war diese Herabsetzung, diese Erniedrigung gleich zu Beginn ...
PREI: ... und den Preis nicht zu vergessen, 300 000 Euro „entweder – oder" ...

**165**

LAU: ... genauso wie die Drohung, auf meine Direktion bezogen ...

PREI (wieder entspannt): ... dann habe ich Sie auch noch gedrängt: „Nun nehmen Sie schon den Hörer, Herr Lau!"

LAU: Aber die schlimmste Falle kam wahrscheinlich zum Schluss: als Sie das ganze Geschäft von einer letzten Bedingung abhängig gemacht haben ...

PREI: Dazu muss ich sagen, dass ich schon immer sehr gerne die Krimiserie „Columbo" im Fernsehen verfolgt habe, die Art, wie er seine Mitmenschen befragt! Sie wissen ja, dass er immer sehr freundlich mit ihnen umgeht ...

LAU: ... und wenn er schon im Begriff ist zu gehen, verunsichert er sie noch an der Tür!

# Die Fallen der Käufer

## Die Herabsetzung

Der Käufer ist bestrebt, auf seinen Gesprächspartner Druck auszuüben. Dies ist auf indirekte Weise möglich: er lässt den Verkäufer eine Stunde schmachten, um ihm zu bedeuten, dass er nur ein kleines Rädchen im Getriebe ist, er bietet ihm einen niedrigen Sessel an, lässt kein flüssiges Gespräch zu, weil er systematisch Telefonanrufe entgegennimmt ... Die Herabsetzung kann auch direkter geschehen, z.B. durch kränkende Äußerungen über die Firma oder die Tätigkeit des Lieferanten. Der Verkäufer fühlt sich unwohl: er fühlt sich unbewusst in seine Kindheit zurückversetzt, wo er der Autorität der Eltern unterworfen war, eine Rolle, die jetzt der Käufer übernimmt. Er ist also weniger imstande, dem Druck bzw. den

Forderungen des Kunden standzuhalten. Für den Verkäufer gilt es, einen Fehler zu vermeiden: sich beeinflussen zu lassen und mit einem Unterlegenheitsgefühl in eine Verhandlung zu gehen.

## Welche Reaktionen sind möglich?

Nehmen Sie die Herabsetzung nicht hin: Gehen Sie nach spätestens zwanzig Minuten Wartezeit, verlangen Sie eine andere Sitzgelegenheit, machen Sie den Vorschlag, unwichtige Telefonate umzuleiten ...

Signalisieren Sie, dass Sie sich nicht herabsetzen lassen: z. B. blättern Sie geschäftig in den Akten anderer Kunden und geben Sie Ihrem Missfallen Ausdruck, dass der Käufer noch immer nicht erscheint ...

Bringen Sie das Problem zur Sprache, indem Sie die Empfindlichkeit des Käufers wecken: „Gewisse Käufer bedienen sich solcher Manöver ... ich weiß, Sie haben so etwas nicht nötig, Herr Prei."

## „Entweder – oder"

Der Käufer erklärt fest entschlossen: „Das ist mein letztes Angebot, ich bezahle nicht mehr als 300 000 Euro für dieses Geschäft. Jetzt liegt es bei Ihnen, anzunehmen oder nicht." Diese Taktik ist besonders zu fürchten. Sie hat zum Ziel, die Rückzugsmöglichkeiten des Verkäufers zu verringern. Es hat den Anschein, als könne dieser sein Produkt nicht mehr verteidigen – weil der Käufer kein Interesse mehr zeigt. Er bekommt auch keine Gelegenheit mehr, in einer Diskussion seinen Verkaufspreis zu rechtfertigen, um den es als solchen eigentlich gar nicht geht! Und eine Zwischenlösung scheint ebenfalls ausgeschlossen zu sein, da der Käufer so tut, als wolle er von vornherein jeden Kompromiss abschmettern. Eingeschlossen in einer Sackgasse, erinnert sich der Verkäufer nicht mehr an die „Goldenen Regeln": fordern, argumentieren, nach Gegenleistungen suchen, in kleinen Schritten rückwärts gehen ...

Die Angst vor einem Misserfolg kann ihn dazu bringen, die Bedingungen des Kunden anzunehmen. In dieser Situation müssen mehrere Fehler vermieden werden. Da wären zunächst die beiden Antworten „ja" und „nein" ... Ein Ja verdammt den Verkäufer zu einer teuren Kapitulation, die erniedrigend und auf Zeit riskant sein kann. Teuer deshalb, weil der Verkauf zu den Bedingungen des Käufers abgeschlossen wurde. Erniedrigend, weil sich der Verkäufer der Macht seines Kontrahenten unterordnen muss und keine Gegenleistung erhält. Riskant auf Zeit, weil der Käufer durch diesen Etappensieg ermutigt wird, in Zukunft dieselbe Taktik wieder anzuwenden. Ein Nein endet meistens in einer Sackgasse: es verdammt den Käufer unausweichlich zum Abbruch der Verhandlung, wenn er nicht das Gesicht verlieren will. Mit einem Wort: antwortet man überhastet und lässt sich durch die vorgeschlagene Alternative („friss oder stirb") in die Enge treiben, ist der Reinfall todsicher vorprogrammiert. Dennoch ist die Versuchung für den Verkäufer groß, sofort ein wichtiges Zugeständnis zu machen: Da er die vom Käufer festgesetzte Forderungshöhe nicht abwarten kann oder will, möchte der Verkäufer, um sich anzunähern, das Maximum herausholen und erwägt ein erhebliches Zugeständnis. Auch hierbei macht er einen Denkfehler, denn dieses Zugeständnis schwächt ihn. Er bekommt weder die Garantie für das Geschäft noch die geringste Gegenleistung.

Welche möglichen Reaktionen gibt es?

Man kann so tun, als hätte man das Gesagte überhört, und zu verhandeln beginnen.

Man kann das Gesagte mit einbeziehen ... und argumentieren.

Man isoliert den wunden Punkt (z.B. den Preis) und bespricht zunächst die übrigen Vertragselemente.

Man gewinnt Zeit: verlangt Aufschub, besinnt sich auf einen Kompromiss, bei dem jeder das Gesicht wahren kann.

Halten Sie dem Käufer ein Hintertürchen offen (z.B.: „Mir ist schon klar, dass Sie sich entschlossen geben: ich bin vermutlich in meinen Ausführungen nicht sehr klar gewesen, auch wollte ich nochmals deutlich machen, dass mein Angebot natürlich eine für Sie kostenlose Wartung über zwei Jahre beinhaltet").

Verlagern Sie die Angriffe des Kunden, indem Sie entschlossen bei Ihrem Preis bleiben, aber andere Zugeständnisse machen.

Suchen Sie nach möglichen Gegenleistungen als Ersatz für eine Preisermäßigung.

Ändern Sie die Form oder Art des Vorschlags: nehmen Sie ein anderes Produkt, eine andere Menge, ändern Sie den Service, die Dauer ... um die Verhandlungsbedingungen zu verbessern und die Lage zu „entspannen".

Weisen Sie die Anfrage – als letztes Mittel – zurück, und bewahren Sie dabei eine kooperative Haltung: Sie müssen sich eine zweite „Eintrittskarte" reservieren, um in den folgenden Stunden oder Tagen einen neuen Vorschlag anbringen zu können (z.B.: „Ich bedaure, dass wir uns nicht einigen können, aber ich kann Ihren Vorschlag beim besten Willen nicht annehmen. Ich schlage vor, dass wir in Kontakt bleiben, und würde mich

freuen, mit Ihnen gemeinsam noch einmal die Angelegenheit durchgehen zu dürfen, wenn es Ihnen passt").

## Die Drohung

Der Käufer kann der Drohung auf verschiedene Art
Ausdruck verleihen. Er warnt den Verkäufer hinsichtlich
der Folgen, die ein Ablehnen der verlangten Bedingungen
nach sich zöge. Schlimmstenfalls sagt er gar nichts: die
Drohung erfolgt indirekt und wird in Form von Gerüchten
weitergetragen oder durch beiläufige Bemerkungen, die
den Verkäufer denken lassen, dass ein Konkurrent im
Begriff sei zurückzukehren, oder bewirken, dass er sich
selbst schon aus der Tür marschieren sieht. In all diesen
Fällen hofft der Käufer, dass der Verkäufer unter Druck
schneller nachgibt als beabsichtigt. Angesichts einer
Drohung muss der Verkäufer jedoch gerade vermeiden, aus
Angst sofort nachzugeben, ohne deshalb gleich eine
herausfordernde Haltung gegenüber dem Käufer anzunehmen, wenn er ihm die Drohung nicht abnimmt.

Welche Reaktionen sind möglich?

Überhören Sie die Drohung: bringen Sie die Tatsachen
erneut vor, ohne den Äußerungen des Käufers Bedeutung
beizumessen.

Nehmen Sie eine ruhige Haltung an, die sowohl auf die
Suche nach genauen Informationen als auch auf die
Lösung von Problemen ausgerichtet ist.

Analysieren Sie nüchtern, wie wahrscheinlich es ist,
dass die Drohung ausgeführt wird: positive wie negative
Folgen für den Kunden, für mich.

Wenn nichts anderes mehr geht, stellen Sie Gegen-
drohungen auf ... Aber prüfen Sie, ob Sie auch bereit sind,
diese in die Tat umzusetzen.

## Dringlichkeit

Der Käufer verlangt sofort eine Antwort: „Ich bin zur sofortigen Auftragsvergabe bereit", „Die Kommission tagt morgen früh", „Wenn Sie wollen, können Sie gleich von hier aus mit Ihrer Direktion telefonieren" ... Bei solchen Verhaltensweisen handelt es sich um eine Falle, die für den Käufer in mehrfacher Hinsicht Vorteile hat. Der Verkäufer wird unter Zeitdruck gesetzt. Er erkennt die Gefahr, das Geschäft im Augenblick zu verlieren, falls er sich weigert nachzugeben. Hinzu kommt, dass, wenn er seinen Chef anruft, dieser völlig unvorbereitet ist und so nicht verhandeln kann. Welche Argumente anwenden (Goldene Regel Nr. 2), welche Gegenleistungen verlangen (Goldene Regel Nr. 3), wie die Bedingungen abstufen (Goldene Regel Nr. 4)? Auf diese Weise treibt die Bedrängnis den Verkäufer oft dazu, mehr nachzugeben, als er es bei ausreichender Bedenkzeit getan hätte. Folglich ist es für den Verkäufer wichtig, die klassischen Fehler zu vermeiden: unter Druck sofort nachgeben, vor dem Kunden mit seiner Direktion telefonieren (außer nach vorheriger Absprache und einem genauen Plan) ...

Welches sind die möglichen Reaktionen?
Schenken Sie der durch den Kunden zum Ausdruck gebrachten Dringlichkeit keine Beachtung (sofern dies als Bluff ersichtlich ist).

Beharren Sie fest auf einem Aufschub: fünf oder acht Tage, um das Angebot zu korrigieren.

Setzen Sie gegebenenfalls Ihrerseits eine noch kürzere Frist durch, um den Käufer ins Schwitzen zu bringen („Ich kann den Preis nur bis morgen mittag aufrechterhalten ... ").

Im Restaurant ...

LAU: Und jenes Mal, als Sie mich zusammen mit Ihrem Stellvertreter empfangen haben!
PREI: Ein sehr sympathischer Bursche, der inzwischen eine tolle Karriere gemacht hat ...
LAU: Ja, ich habe ihn auch sympathisch gefunden ...

Im Konferenzzimmer, neun Jahre zuvor ...

Johann LAU sitzt zwei Gesprächspartnern gegenüber. Anton PREI führt die Unterhaltung mit einer Bestimmtheit und einem Kampfgeist, die gleichermaßen beeindrucken. Er stellt harte Forderungen: „Reden wir Klartext, Herr Lau. Es ist ausgeschlossen, dass ich für dieses Produkt mehr als 72 000 Euro ausgebe. Weiter stimme ich keinem Zahlungsmodus unter 120 Tagen zu. So handhaben wir das, und Sie müssen sich da anpassen. Oder wir haben uns diesbezüglich nichts mehr zu sagen ..."
Der Stellvertreter von Herrn PREI bleibt ruhig, macht sich Notizen. Jedes Mal, wenn sein Chef die Stimme erhebt, wirkt er verlegen, unbehaglich. Johann versucht, seinen Spielraum zu nutzen. Er macht den Vorschlag, den ursprünglichen Preis von 87 000 Euro auf 82 000 Euro zu senken, wobei dies jedoch für ihn die Grenze des Machbaren sei. Was die Zahlungsbedingungen betreffe, wäre er ausnahmsweise zur Annahme bereit, um das Geschäft nicht zu verlieren. Doch auch dieses Angebot ist anscheinend sehr weit von dem entfernt, was sich Herr PREI erhofft hat. Der reagiert sogar heftig: „Wir sind im Begriff, Zeit zu verlieren, Herr Lau, und ich habe wenig Zeit. Ich gebe Ihnen die Möglichkeit, darüber nachzudenken und mit einem vernünftigen Angebot wiederzukom-

men. Ich kann nur wiederholen, ich bezahle nicht mehr als 72 000 Euro."

Bei diesen Worten verlässt er den Raum, um sich in eine „wichtige" Sitzung zu begeben. Er gibt seinem Stellvertreter die Anweisung, die neuen Vorschläge von LAU zur Kenntnis zu nehmen und gegebenenfalls eine Entscheidung zu treffen. Johann LAU hat einen Hoffnungsschimmer.

Schließlich ergreift der Stellvertreter das Wort: „Ich weiß, er ist nicht einfach. Aber er steht unter einem ständigen Druck. Das müssen Sie verstehen, Herr Lau ... " Der Mann überlegt einen Augenblick und erklärt: „Ich finde Ihr Produkt für unseren Bedarf durchaus angemessen, und ich darf sagen, Sie stellen es mit viel Überzeugung und Talent vor."

Johann LAU versucht, ein Lächeln der Befriedigung zu unterdrücken ... und lauert auf die Gelegenheit zu einem Einwand in Bezug auf den Preis. Aber der Stellvertreter fährt fort: „Ich muss auch sagen, dass mir der Preis angemessen erscheint, sowohl was die Qualität der Bauteile betrifft als auch Ihren Kundendienst." Jetzt strahlt Johann LAU: endlich kommen die Dinge ins Rollen. „Trotzdem bin ich an ein straffes Budget gebunden. Ganz unter uns, ich habe 75 000 Euro zur Verfügung, und nicht 72 000 Euro, wie Ihnen Herr Prei gesagt hat. Jedenfalls kann ich diese Summe von 75 000 Euro keinesfalls überschreiten. Was kann man da machen?"

Johann LAU macht den Versuch, auf die Vorzüge seines Produkts zurückzukommen, aber der Stellvertreter stoppt ihn: „Ich kenne Ihren Standpunkt und teile ihn ganz und gar. Aber ich werde meinen Chef niemals dazu bringen, einer Investition zuzustimmen, die höher ist als 75 000 Euro. Schlagen Sie mir eine Lösung vor ..."

Johann zögert. 75 000 Euro sind zuwenig ... aber immerhin besser als die 72 000 Euro, die PREI haben wollte. Da kommt ihm eine Idee. „Der Haken an der Sache ist, dass Sie mein Produkt mit einer Garantie von zwei Jahren mit dem der Konkurrenz vergleichen, die nur ein Jahr gibt! Das ist schon ein Unterschied!"

Dieser Punkt scheint das Interesse des Stellvertreters geweckt zu haben: „Das könnte ein hilfreiches Argument sein, um meine Entscheidung gegenüber meinem Chef zu begründen ... Was meinen Sie, welchen Wert stellt dieses zweite Garantiejahr dar?"

Johann entscheidet sich, ein wenig zu bluffen, um sein Argument zu verstärken: „Mindestens 5000 Euro!"

Der Stellvertreter blickt ihm in die Augen und antwortet: „Einverstanden, Herr Lau, wenn Sie Ihren Preis um diese 5000 Euro senken, kommen Sie auf 77 000 Euro. Kommen Sie mir noch einen Schritt entgegen, und ich kaufe dieses Produkt für 75 000 Euro und verzichte dabei auf das zweite Garantiejahr. Ich bin bereit, sogleich zu unterzeichnen." Johann LAU überlegt kurz, dann holt er seinen Auftragsschein hervor.

Im Restaurant ...

LAU: An diesem Tag haben Sie ein gutes Geschäft gemacht ...
PREI (bescheiden): Ja, sagen wir mal, dieser unerfahrene Stellvertreter hat sich leidlich gut geschlagen ...
LAU: Wollen Sie damit sagen, dass Sie die Rollen verteilt hatten?
PREI: Schauen Sie sich doch mal die Kriminalfilme an: Wenn zwei Polizisten einen Verdächtigen verhören, spielen sie böser Polizist, guter Polizist, der erste ist bösartig,

aggressiv und gewalttätig; sein Kollege ist freundlich und bietet meist eine Zigarette an ...

LAU: Meistens gibt der Verdächtige dem dann die Informationen ...

PREI: ... vor allem dann, wenn er befürchten muss, dass der Böse zurückkommt!

LAU: Es war schwer für mich, Ihrem Stellvertreter Zugeständnisse abzuschlagen, der allen Punkten meines Angebots zustimmte. Da war nur dieses Budgetlimit ...

PREI (lächelnd): Ja, dieses Budgetlimit ...

## „Der Gute und der Böse"

Zwei Verhandlungspartner der gleichen Firma führen abwechselnd das Gespräch mit dem Verkäufer. Der erste legt harte Einstellungen an den Tag und wählt eine nachdrückliche Sprache. Eine Verhandlung ist praktisch ausgeschlossen. Sodann tritt der zweite auf den Plan, der versucht, seinen Partner „herunterzuholen", und dem Verkäufer ein scheinbar akzeptables Angebot macht.

Was hier geschildert wird, stellt eine Falle dar, die oft sehr wirkungsvoll ist: nach seinen Erfahrungen mit dem „Bösen" ist der Verkäufer bestrebt, dem „Guten" ein hohes Maß an Vertrauen zu schenken, und erachtet dessen Angebot als Rettungsanker, an den es sich zu klammern gilt. In solchen Situationen müssen die üblichen Fehler vermieden werden: dazu gehört freilich, dass man gegenüber dem Verhandlungspartner der harten Tour nicht die Fassung verliert und den weiteren Dialog unmöglich macht, wo doch die „richtige" Verhandlung noch gar nicht begonnen hat. Es empfiehlt sich aber auch, auf der Hut zu sein und das andere Gegenüber nicht zu schnell als (s)einen netten Verbündeten anzusehen.

## Welche Fragen sind möglich?

Wenn Sie ebenfalls zu zweit sind, teilen Sie die Rollen auf: Der eine tritt dem „Bösen" in einem Wettstreit ohne wirklichen Einsatz gegenüber, sozusagen als Ablenkungsmanöver, während der andere sich friedfertiger gibt und sich anschickt, die richtige Verhandlung zu führen ...

Sind Sie allein, lassen Sie den „Bösen" sprechen, ohne zu antworten, und verhandeln dann mit dem „Guten", ohne jedoch die Forderungen des „Bösen" mit einzubeziehen.

Und übrigens, weshalb sollte man in einem solchen Fall der Käuferseite den Wind nicht aus den Segeln nehmen, um die Situation zu entschärfen? „Es ist schon seltsam, aber ich habe den Eindruck, dass Sie hier ‚Guter Polizist, böser Polizist' spielen – gut gemacht ... aber ich denke, wir sollten jetzt gemeinsam nach einer brauchbaren Lösung für alle Beteiligten suchen, deshalb schlage ich vor, dass wir Punkt Nr. 2 nochmals unter die Lupe nehmen ..."

## Das „Budgetlimit"

Der Käufer gesteht fast mit Bedauern, dass er nur diese Summe für den Kauf zur Verfügung hat, und, hmh, ist das ärgerlich, ausgerechnet Ihr Angebot liegt darüber ... Dieses Argument bezüglich des Budgetlimits ist ein sehr geschickter Schachzug, der den Verkäufer in eine missliche Lage bringt: Er kann sein Produkt nicht mehr verteidigen, weil es, durch die Verlagerung des Gesprächs auf einen anderen Faktor, gar nicht unter Beschuss steht. Er kann auch kaum seinen Preis rechtfertigen: der Käufer sagt nicht, dass der Preis an sich zu hoch sei! Andererseits schafft man mittels dieser Technik ein konstruktives Klima, da der Verkäufer dem Käufer „dabei hilft", das Produkt im Rahmen seiner ihm zur Verfügung stehenden

Mittel zu erwerben. Schließlich kann der Käufer vom Verkäufer nützliche Informationen bekommen, z.B.: „Wenn Sie die Schutzverkleidung aus Aluminium nicht nehmen wollen, können wir Ihnen die gleiche in Kunststoffausführung für 7000 Euro weniger liefern ..." Das Budgetlimit kann tatsächlich bestehen oder aber reine Taktik sein. Es ist umso wirkungsvoller, wenn der Käufer es durch Schriftstücke glaubhaft machen kann oder durch die Bestätigung Dritter. Nun kann es sogar vorkommen, dass der Verkäufer „Oberwasser" bekommt: Der Käufer möchte einen Betrag wissen, sozusagen als „Richtwert" für ein Grundmodell; der Verkäufer nennt nun, ohne sich zu verpflichten, einen Schätzpreis („Hausnummer"). Der Käufer befragt ihn später bezüglich eines weiter entwickelten Modells hinsichtlich eines unmittelbaren Kaufs und sagt: „Leider ist mein Budget begrenzt ..."

**Welche Reaktionen sind möglich?**
Die nachfolgende Auswahl bietet Hinweise auf wirkungsvolle Antworten. Holen Sie sich das Maximum an Informationen über die Budgets: Wie werden Sie entschieden, wann ... es geht darum, die Glaubwürdigkeit der Argumente zu überprüfen.

Finden Sie heraus, wer die Befugnis hat, das Budget nochmals zu prüfen; erforderlichenfalls bitten Sie um Kontaktaufnahme mit dieser Person, wenn nötig zusammen mit Ihrem eigenen Vorgesetzten.

Belegen Sie die aufgezählten Vorteile durch Argumente, um den höheren Preis zu rechtfertigen.

Suchen Sie nach einer Möglichkeit, wie man die Ausgaben aufteilen kann: auf zwei Geschäftsjahre (indem Sie z.B. für dieses Jahr einen Teilkauf erwägen und den Rest für Anfang des nächsten Jahres) oder über zwei verschiedene Posten (z. B. bestimmte Maschinenteile über ein Zusatzbudget, oder Sie verringern den Preis der Maschine und stocken den Wartungsvertrag auf).

Verlagern Sie die Einwände des Kunden, wobei Sie an Ihrem Preis festhalten, aber (für Sie weniger teure) Zugeständnisse anbieten, die ein Überschreiten des Budgets rechtfertigen.

Suchen Sie nach möglichen Gegenleistungen im Tausch für eine Preisermäßigung, z. B. Vereinfachungen von Produktspezifikationen, bestimmte Leistungen, die vom Kunden übernommen werden, Lieferung eines Vorführmodells auf den Messen, größere Mengenabnahme der Bestellartikel, Verpflichtung des Kunden zur Bestellung von Verbrauchsgütern, hohe Ratenzahlung, Verbesserung des Liefertermins ...

## Weitere Verkäuferfallen

*Das Täuschungsmanöver*
Mit diesem Trick möchte der Käufer den Verkäufer schon im Vorfeld durch Forderungen von unmöglich erfüllbaren Zugeständnissen über Stunden „mürbe" machen. Urplötzlich nimmt der Käufer den Druck weg, indem er auf seine Forderung verzichtet ... Er nützt den Moment aus, wo sich der Verkäufer entspannt, um genau dann ein anderes Zugeständnis zu bekommen, das er freilich als unbedeutend hinstellt. Diese zweite Forderung, in Wirklichkeit sehr wichtig, war jedoch von Anfang an das Hauptziel des Käufers.

*Das Wechselbad*
... oder der Soloauftritt des „Guten" und des „Bösen".

**178**

### Die schlechte Aufteilung

Der Käufer schlägt vage und unbedeutende eigene Konzessionen vor, als Ersatz für erhebliche und mit Kosten verbundene Vergünstigungen Ihrerseits.

### Der falsche Freund

„Wenn Sie ihre Bedingungen erkennbar verbessern, haben wir alle beide bessere Argumente zur Hand, um meinen Chef zu überzeugen."

### Die Auswahlliste

Der Käufer vermehrt künstlich die Verhandlungspunkte, um den Verkäufer zur Akzeptanz von verschiedenen weit reichenden Zugeständnissen zu verleiten.

### Der Aasgeier

Sobald der Verkäufer ein Zugeständnis gemacht hat, wertet der Käufer es ab, um zu zeigen, dass die eigentliche Verhandlung noch nicht begonnen hat ...

### Der Eisklotz

Der Käufer bewahrt die Ruhe. Er fragt nach ein paar Minuten: „Ist das alles, was Sie mir anzubieten haben? Ich dachte, Sie wären an einer Zusammenarbeit mit uns interessiert ..."

### Die Meute und der Rudelführer

Der Verkäufer sieht sich einer Gruppe zahlreicher Käufer gegenüber, die gleichzeitig das Angebot in mehreren Punkten kritisieren. Die Verhandlung ist augenscheinlich zusammenhangslos. In Wirklichkeit lenkt der Rudelführer die ganze Zeit die Meute, damit sie das Opfer in Stücke reißen ...

*Die vollendete Tatsache*
Ein Punkt, der vom Verkäufer nicht angesprochen wird, landet automatisch auf der Habenliste des Käufers (z. B. Zahlung in 90 Tagen zum Ende des Monats am 10.).

*Die allgemeinen Auskünfte*
„Ich sage es Ihnen nur einmal, aber wir haben erfahren, dass einer unserer Konkurrenten günstigere Bedingungen bekommt als wir. Das ist sehr schwer wiegend. Bevor wir richtig einsteigen, sollten wir das vorher abklären ... "

# Warum sind wir verwundbar?

Allen Techniken der Käufer liegen im Allgemeinen ein paar einfache Mechanismen zugrunde: Man muss beim Verkäufer eine der fünf fest(ab)gelegten Botschaften auslösen, die in unserem Gehirn seit unserer Kindheit eingebrannt sind. Diese Botschaften, von dem Psychologen Kahler klar herausgestellt, lauten wie folgt:

*1. Beeile Dich!*
Angesichts der uns vorgeschlagenen Termine legen wir ein unlogisches Verhalten an den Tag. Nimmt man sich Zeit, weckt das in der Tat „Schuldgefühle".

*2. Bereite Freude!*
Es fällt uns leichter, ja zu sagen, als nein. Nein zu sagen und eine ausgesprochene Bitte mit einem Lächeln abzulehnen, weckt „Schuldgefühle".

### 3. Streng Dich an!

Die aufgewendeten Anstrengungen (in der Schule, im Büro, einem Käufer gegenüber ...) sind in unserer Achtung mehr wert als die erzielten Ergebnisse. Eine lange und aufwändige Verhandlung erscheint uns aufwertend.

### 4. Sei stark!

Wir zeigen gerne, dass wir vieles ohne fremde Hilfe erreichen können. Das kann dazu führen, dass wir im Alleingang übereilte Entscheidungen treffen.

### 5. Sei perfekt!

Der Hang zum Perfekten, die Angst vor dem Misserfolg verleiten uns zu Konzessionen jenseits aller Vernunft.

# Acht Empfehlungen, um den Fallen der Käufer zu entgehen

### 1. Führen Sie die Unterredung

Wenn Sie die Unterredung führen, wird es für den Käufer sehr schwer, Sie in eine Sackgasse zu lotsen. Vervollkommnen Sie Ihre Verkaufstechniken, insbesondere die autoritäre bzw. nicht autoritäre Befragung, die Umformulierung, das Einstellen auf die neue Situation, das Verschaffen eines Überblicks.

### 2. Unterschätzen Sie Ihren Gesprächspartner nicht

Die Verhandlungspartner mit der größten Erfahrung versuchen gar nicht zu brillieren, im Gegenteil ...

**181**

### 3. Versetzen Sie sich in Ihr Gegenüber

Fragen Sie sich vor und während des ganzen Gesprächs: Was würde ich an seiner Stelle tun? Welches wären Ihre wahrscheinlichen Absichten? Wie könnten Sie diese verteidigen? Den anderen zu beurteilen ist witzlos. Zu versuchen, ihn zu verstehen, ist nützlicher.

### 4. Bewahren Sie Ihre Objektivität

Lassen Sie sich nicht von Enthusiasmus oder von Zorn leiten. Bleiben Sie während der Verhandlung ebensosehr Beobachter wie Akteur.

### 5. Seien Sie geduldig, und stellen Sie es unter Beweis

Haben Sie es mit dem Abschluss nicht so eilig. Seien Sie bereit, auch wenn schon ein Ende in Sicht ist, wieder bei Null zu beginnen, so die Situation es erfordert. Zögern Sie nicht, einen Aufschub zu erbitten, um nachzudenken oder Ihre Direktion zu konsultieren.

### 6. Gehen Sie kalkulierbare Risiken ein

Dies ist nicht selten die einzige Alternative zur Kapitulation, angesichts eines Bluffs oder von Drohungen.

### 7. Sie sollten überwiegend schweigen und mehr zuhören

Alles, was Sie sagen, kann gegen Sie verwendet werden ... vor allem bei Informationen über Ihre Preis- oder Kostenstruktur, Ihre innerbetrieblichen Zwänge, Ihre Produktionsverfahren ...

### 8. Bereiten Sie sich vor

Es ist leichter, wenn man mit einem Gesprächspartner verhandelt, den man kennt. Wenn das so ist, bereiten Sie gute Antworten vor, im Falle dass ...

## Eckpunkte zum Merken

Sowie der Käufer den Versuch startet, Sie herabzusetzen, bleiben Sie höflich, aber verlangen Sie bessere Gesprächsbedingungen.

Lassen Sie sich nicht von einem „Friss oder stirb"-Typen in die Zange nehmen: Versuchen Sie, Zeit zu gewinnen und das Diskussionsfeld auszuweiten.

Wenn der Käufer eine Drohung äußert, wägen Sie die Risiken und die Wahrscheinlichkeit der Durchführung ab, und vermeiden Sie die sofortige Antwort.

Schiebt der Käufer Dringlichkeit vor, handeln Sie eine Frist aus.

Sollten Sie vom „Columbo-Effekt" überrascht werden, bleiben Sie entschlossen.

In Gegenwart von zwei Gesprächspartnern, die „Guter Polizist, böser Polizist" spielen, konzentrieren Sie Ihre Aufmerksamkeit und Wachsamkeit auf den „Guten", der in der Regel mit der Verhandlung beauftragt ist.

Denken Sie niemals, dass ein „Budgetlimit" nicht zu umgehen sei, bevor Sie sich nicht davon überzeugt haben.

## Ein paar nützliche Fragen an Sie

Welche von all diesen Fallen sind mir während meiner Tätigkeit schon begegnet?

In welchen Situationen bin ich am verwundbarsten?

Welche Reaktionen muss ich mir angesichts dieser Situationen aneignen?

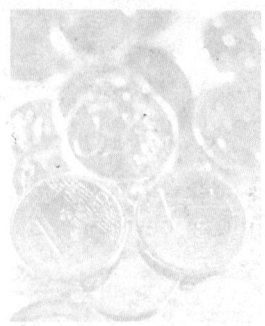

# Kapitel 12

# Selbstsicher handeln –
# drei Aspekte

LAU: In angespannten Situationen muss man sich durchsetzen können.
PREI: Das ist aber nicht immer möglich. Sich zu behaupten, ist dagegen unerlässlich.

## Fragebogen zur Selbstanalyse

Welche spontanen Verhaltensweisen legen Sie in
einer Verhandlung an den Tag?

Hier sind sieben klassische Themen, die einer Geschäftsverhandlung zu Grunde liegen. In jedem der Fälle
werden Ihnen fünf Aussagen vorgeschlagen. Sie geben
jedesmal an: die Antwort, die Ihnen am meisten entspricht, indem Sie das entsprechende Feld mit einem
Pluszeichen versehen; die Antwort, die Ihnen am wenigs-

ten entspricht, indem Sie das entsprechende Feld mit einem Minuszeichen versehen.

Wenn Ihnen keine Aussage passend erscheint, wählen Sie die, welche am ehesten zutrifft.

Zusammengefasst heißt das, Sie müssen zwei Aussagen je Thema markieren: einmal +, einmal –.

*Thema Nr. 1: Die Verhandlung und Sie*
Wenn man den Preis aushandelt, ist das Wichtigste
vor allem:                                                           +  -
a: zu wissen, wie man die „Kraftprobe" angeht;     ❏ ❏
b: zu wissen, wie man bestimmte Zugeständnisse  ❏ ❏
   macht, damit der Käufer nicht auf stur schal-
   tet;
c: den Käufer glauben machen, dass er erhebliche  ❏ ❏
   Zugeständnisse erhält;
d: einen Kompromiss zu finden, der für alle Be-    ❏ ❏
   teiligten annehmbar ist;
e: Entschlossenheit und Bestimmtheit zu zeigen.   ❏ ❏

*Thema Nr. 2: Sie und die anderen*
Bei angespannten Situationen:
a: Warum soll man sich dem Konflikt aussetzen,    ❏ ❏
   wenn man einen Mittelsmann einschalten
   kann?
b: Wenn ich mich einmal habe erwischen lassen,   ❏ ❏
   weiß ich die Gelegenheit zur Retourkutsche zu
   nutzen.
c: Es ist besser, bestimmte Ansichten für sich zu ❏ ❏
   behalten, um die Spannung nicht zu vergrößern.

d: Angriff ist die beste Verteidigung, z. B. beißen- ❑ ❑
de Ironie.

e: Manchmal ist die beste Methode, in Vorteil zu ❑ ❑
kommen, die Unstimmigkeiten zwischen den
verschiedenen Entscheidungsträgern beim
Kunden unauffällig hochzuspielen.

*Thema Nr. 3: Sie und die Ihrigen*
Wenn Sie innerhalb eines Teams verhandeln:

a: Ich bin lieber hinter den Kulissen als in der ❑ ❑
vordersten Reihe.

b: Ich verteile gerne die Aufgaben und ziehe die ❑ ❑
Fäden.

c: Ich ergreife die Initiative und möchte dabei ❑ ❑
unterstützt werden.

d: Ich lasse die anderen eine harte Linie verfol- ❑ ❑
gen, um anschließend den Vermittler zu spielen.

e: Ich beobachte und gebe entsprechend den ❑ ❑
Ereignissen nach.

*Thema Nr. 4: Eine schlechte Neuigkeit verkünden*
Sie müssen eine unvorhergesehene Preiserhöhung
durchbringen oder eine Verschärfung Ihrer Zahlungsbedingungen:

a: Ich verharmlose die Bedeutung dieser Maßnah- ❑ ❑
me durch Vorlegen von Umsatzzahlen.

b: Ich nehme eine unnachgiebige Haltung an, um ❑ ❑
dem Kunden zu verstehen zu geben, dass eher
er nachgeben wird als ich.

c: Ich werde meine Vorgesetzten einschalten, um ❑ ❑
diese Maßnahme glaubwürdig zu machen.

d: Ich einige mich, um diese Maßnahme unauffäl- ❏ ❏
   lig in einer Flut von diversen Informationen
   untergehen zu lassen.
e: Ich gehe schrittweise vor, um einer allzu ❏ ❏
   feindlichen Reaktion des Kunden aus dem Weg
   zu gehen.

*Thema Nr. 5: In flagranti (1)*
Sie haben dem Kunden eine falsche Information
gegeben, er bemerkt es:
a: Ich bin versiert genug, um glaubhafte Recht- ❏ ❏
   fertigungen zu finden, und kann ihn überzeugen, im besten Glauben gehandelt zu haben.
b: Ich beginne mit einer Entschuldigung und ❏ ❏
   versuche, mich in den Augen des Käufers
   reinzuwaschen.
c: Ich starte schnell einen Gegenangriff, da der ❏ ❏
   Käufer selten eine „weiße Weste" hat.
d: Ich halte einen Teil meiner Information auf- ❏ ❏
   recht und versuche, beim Kunden Zweifel aufkommen zu lassen.
e: Ich versuche, die Unterredung abzukürzen. ❏ ❏

*Thema Nr. 6: In flagranti (2)*
Der Kunde widerspricht sich bei den Zahlen,
anscheinend hat er die Absicht gehabt, mich
hinsichtlich seines Auftragsvolumens zu täuschen,
um einen besseren Preis zu bekommen.
a: Ich verlange von ihm Erklärungen, um seine ❏ ❏
   Position zu schwächen.
b: Ich stelle indirekte Fragen, um ihn in Wider- ❏ ❏
   sprüche zu verwickeln.

**187**

c: Ich wechsle das Thema, um keine Auseinander- ❏ ❏
setzung zu provozieren.
d: Ich behalte mir das Thema vor, um es im ❏ ❏
geeigneten Augenblick zur Sprache zu bringen.
e: Ich sage nichts und ziehe es vor, die Frage ❏ ❏
emotionslos im Nachhinein zu analysieren.

*Thema Nr. 7: Nicht eingehaltene Verpflichtung*
Der Käufer hat sich nicht an sein Wort gehalten:
a: Ich sage nichts, um die Dinge nicht schlimmer ❏ ❏
zu machen.
b: Ich hebe die Stimme und verlange Erklärungen. ❏ ❏
c: Ich einige mich diskret, damit es in seinem ❏ ❏
Umfeld bekannt wird.
d: Ich nutze das aus, um sofort eine Gegenleis- ❏ ❏
tung zu bekommen.
e: Ich wecke in meinem Gesprächspartner ein ❏ ❏
Schuldgefühl, indem ich ihn bezüglich seiner
eigenen Grundsätze in Widersprüche verwickle.

## Auswertung der Selbstanalyse

Die Aussagen werden in drei Kategorien eingeteilt: X, Y und Z. Addieren Sie Ihre + und − in jeder Kategorie getrennt voneinander.

|         | a | b | c | d | e |
|---------|---|---|---|---|---|
| Thema 1 | Y | X | Z | X | Y |
| Thema 2 | Z | Y | X | Y | Z |
| Thema 3 | X | Z | Y | Z | X |
| Thema 4 | Z | Y | X | Z | X |
| Thema 5 | Z | X | Y | Z | X |

| Thema 6 | Y | Z | X | Z | X |
|---------|---|---|---|---|---|
| Thema 7 | X | Y | Z | Y | Z |

| Ihre Antworten | X | Y | Z |
|----------------|---|---|---|
| Anzahl der Pluszeichen | | | |
| Anzahl der Minuszeichen | | | |

Die X-Antworten entsprechen einem versöhnlichen Verhalten.

Die Y-Antworten entsprechen einem kämpferischen Verhalten.

Die Z-Antworten entsprechen einem spielerischen Verhalten.

**Die Pluszeichen**

Sollten Sie in einer Kategorie mehr als drei Pluszeichen haben: Vorsicht! Es kann sich hier um ein Rückzugsverhalten handeln, das Sie automatisch annehmen, sobald Sie in eine Stresssituation kommen. Sie gewinnen an Effizienz, wenn Sie flexibler werden, vor allem dank der drei Aspekte der Selbstsicherheit, die in diesem Buch beschrieben sind. Wenn es sich umgekehrt verhält: In Bezug auf die Verhandlung ist Ihre Persönlichkeit sehr facettenreich. Legen Sie sich nun noch eine selbstbewusste Ader zu, um das Bild abzurunden.

**Die Minuszeichen**

Sollten Sie in einer Kategorie mehr als drei Minuszeichen haben: Schöpfen Sie wirklich alle Ressourcen Ihrer Persönlichkeit aus? Oder hemmt Sie die Höflichkeit, die

Moral, oder sind Sie vielleicht zu schüchtern? Die Verhandlung gleicht einem Spiel, spielen Sie all Ihre Trümpfe aus!

Im umgekehrten Fall: Sie haben keine speziellen „Verbote" ... Würzen Sie das Ganze mit einem Schuss Selbstsicherheit, und Sie werden in schwierigen Situationen noch besser gewappnet sein!

Im Restaurant ...

PREI: Was mir Freude macht, ist, dass ich im Laufe dieser Jahre erleben konnte, wie Sie herangereift sind, Ihr Verhalten geändert haben, gewachsen sind ...
LAU (streckt seinen Bauchansatz vor): In jeder Hinsicht!
PREI: Sie haben mitunter Ihre persönliche Note gesucht, und seit einem oder zwei Jahren haben Sie die gefunden.
LAU: Trotzdem, am Anfang war ich so manches Mal in Verlegenheit ...

Im Büro von Anton PREI, zehn Jahre vorher ...

Anton PREI hat schlechte Laune. Er versteht nicht, warum ihm Herr LAU keinen Nachlass anbieten kann, der sich mindestens in der Höhe des Rabatts vom Vorjahr bewegt, und dies bei einem vergleichbaren Auftrag.
PREI: Wenn Sie an diesem Auftrag interessiert sind, Herr Lau, müssen Sie mir schon 5 % Rabatt geben und keine 3 %.
LAU: Ah, glauben Sie ...
PREI: Im vergangenen Jahr habe ich für ein ähnliches Geschäft 5 % bekommen.
LAU: Ja, das weiß ich ... nun, obwohl ... die Bedingungen waren ein wenig anders ...

PREI (schäumt): Nicht im mindesten! Es handelte sich exakt um den gleichen Auftrag! Und ich habe 5 % Nachlass bekommen! Nein, und ich sage Ihnen, Herr Lau, Ihre Auffassung von Geschäften ist ganz einfach nicht zu verstehen!

LAU (ohne Eifer): Oh, nein ...

PREI: Also bitte, Herr Lau, das ist doch Ihre Branche, Sie kennen die Marktprobleme, Sie werden mir doch nicht sagen, dass Sie hinter alldem stehen!

LAU (mit sichtlichem Unbehagen angesichts dieses Themas): Sie wissen doch, die Unternehmenspolitik machen die in München, oder ... außerdem kann ich darüber nicht so reden ...

PREI: Gut, aber die 5 % Nachlass, die können Sie mir doch verschaffen, oder etwa nicht?

LAU: In Ordnung, ich werde diesbezüglich mit meiner Direktion sprechen, ich sehe zu, dass ich das auf die Reihe bekomme ... Betrachten Sie's als bewilligt, ich werde mich mit dem Leiter unserer Finanzabteilung arrangieren ...

Im Restaurant ...

LAU: Sie waren an diesen Nachlass von 5 % gebunden!

PREI: Ja, und dennoch, glaube ich, wäre es mir lieber gewesen, Sie hätten ihn mir verweigert ...

LAU: Aber wieso das denn?

PREI: Um ehrlich zu sein, Johann, ich war drauf und dran, mich zu fragen, ob ich einen adäquaten Verhandlungspartner vor mir habe ...

LAU (selbstgefällig): Ich hoffe, das hat sich mittlerweile geändert!

PREI: Aber ja, jedoch gab es sogar eine Zeit, da habe ich Sie als ziemlich aggressiv empfunden ...

Im Büro von Anton PREI, sieben Jahre zuvor ...

Auch hier geht es wieder darum, dass der Kunde die Vergünstigungen, die er im Jahr zuvor bekommen hat, automatisch auch in diesem Jahr haben möchte ...

PREI: Wenn Sie an diesem Geschäft interessiert sind, Herr Lau, müssen Sie mir, wie im letzten Jahr, wieder 2 % nachlassen.

LAU (schroff): Nein, da übertreiben Sie. Davon kann keine Rede sein!

PREI: Im vergangenen Jahr habe ich für ein ähnliches Geschäft diese 2 % bekommen.

LAU: Das hat damit nichts zu tun. Sie werfen zwei völlig verschiedene Dinge zusammen, die miteinander nicht das Geringste zu tun haben!

PREI: Stimmt ja gar nicht! Es war haargenau der gleiche Auftrag! Und ich habe 2 % Ermäßigung bekommen! Nein, ich werde Ihnen mal was sagen, Herr Lau, Ihre Firmenpolitik ist ganz einfach nicht nachvollziehbar!

LAU (sichtlich am wunden Punkt getroffen): So, finden Sie? Dann möchte ich nur sagen, wir könnten ja auch über die Aufträge sprechen, die Sie seit zwei Jahren in Aussicht stellen, und nichts passiert! Oder über Ihre verspäteten Zahlungen! Deshalb kann ich nicht verstehen ...

PREI: Na hören Sie mal, das ist doch jetzt gar nicht das Thema ...

LAU: (richtet den Zeigefinger auf seinen Gesprächspartner): Doch, gerade eben sprechen wir darüber! Das wäre etwas zu einfach, Herr Prei!

PREI: Also Herr Lau, ich bitte Sie ein letztes Mal um einen Preisnachlass.

LAU (lächelt siegessicher): Ich sehe, Ihnen gehen die Argumente aus ... Nein, ich denke, Sie müssen unser Angebot schon so annehmen, Herr Prei ...

Im Restaurant ...

LAU: Und Sie haben mich nicht hinausgeworfen!
PREI: Es war nicht so, dass ich dazu keine Lust verspürt hätte ... aber ich hatte eine Vorliebe für Ihr Produkt, und dann ...
LAU: Und dann?
PREI: Und dann hat es mich amüsiert, zuzusehen, wie Sie nach diesen Schwierigkeiten mit Vehemenz hinter Ihrer Firma gestanden haben ...
LAU: Das war wenigstens ehrlich!
PREI: Umgekehrt ist das nicht immer so gewesen ...

Im Büro von Anton PREI, fünf Jahre zuvor ...

Bezeichnenderweise diskutiert man erneut über einen Nachlass, der nicht verlängert wurde ...
LAU: Ich habe das Vergnügen, Ihnen unsere neuen Preise mitzuteilen. Sie werden feststellen, dass sie in so manchen Punkten eine Lockerung unserer Preispolitik mit sich bringen.
PREI: Mal sehen ... (nach einigen Augenblicken) Aber ... mein Rabatt von 20 % bezüglich der Menge X ist nicht erwähnt!
LAU: Klar ... Ich habe für Sie 22 % herausschlagen können ... deshalb, diese 22 % werden Ihnen am Ende des Vierteljahres in Form von Gratisprodukten vorgeschlagen.
PREI: Ach was? (dann, nachdem er einen Augenblick nachgedacht hat ... ) Aber diese Produkte schlagen sich hoffentlich nicht im Preis nieder?
LAU (versucht, das Thema zu wechseln): Ich werde Ihnen das alles genau auseinanderdividieren ... Ach übrigens, wissen Sie, was zurzeit so im Umlauf ist?
PREI: Was betreffend?

LAU: Was Ihr Projekt in Norddeutschland angeht ... Sie haben nicht nur Freunde!

PREI: Von wem sprechen Sie?

LAU: Oh, eigentlich wollte ich das für mich behalten, ich möchte unter keinen Umständen Wirbel verursachen ... aber so langsam beginne ich zu verstehen, wieso die Marketingabteilung so darauf versessen ist, Ihnen diesen englischen Lieferanten an unserer Stelle aufzudrücken ...

PREI: Ich habe nicht die Absicht, mich darauf einzulassen, seien Sie versichert!

Im Restaurant ...

PREI: Damals bin ich Ihnen zuvorgekommen ...

LAU (unbehaglich): Aber ich wollte Sie nicht hereinlegen, ja ... es war ganz einfach ein Missverständnis ...

PREI: Wenn's ums Geschäft geht, wäre es mir lieber, wenn es keine Missverständnisse gäbe.

LAU: Dennoch kann so etwas die Dinge manchmal ganz gut regeln!

PREI: Sehr kurzfristig betrachtet vielleicht ... aber dann?

# Die drei gängigen Verhaltensweisen bei schwierigsten Verhandlungen

## Das entgegenkommende Verhalten

Was versteht man unter entgegenkommendem Verhalten?

Immer wenn es darum geht, einen Preis auszuhandeln, treffen drei Punkte zusammen, die der Verkäufer unter einen Hut bringen muss. Er muss darauf bedacht sein:

- den Verkauf abzuschließen und den Auftrag zu bekommen;
- die guten Beziehungen zum Kunden für weitere Geschäfte zu bewahren oder, im Falle eines einmaligen Geschäfts, sich die Weiterempfehlung an andere mögliche Käufer durch den Kunden zu sichern;
- und schließlich: einen gewinnbringenden Verkauf zu tätigen.

Das entgegenkommende Verhalten hat Priorität vor den beiden anderen Punkten. Der entgegenkommende Verhandlungspartner sieht das Aushandeln der Preise und Geschäftsbedingungen als eine Grenze an, die es zu überschreiten gilt. Er muss dabei den kritischen Punkt, die Spannung überwinden, um sich dem Kunden unmittelbar darauf wieder als Partner anzunähern.

Dieser Verhandlungstyp ist für den Kunden da. Er ist bestrebt, genau dessen Beweggründe, Ziele, Befürchtungen zu verstehen. Er sucht nach Lösungen, die die Ansprüche seines Kunden mit den Notwendigkeiten seiner eigenen Zielsetzung in Einklang bringen. Er ist von Natur aus ziemlich vorsichtig, um dadurch einer zu energischen Verhandlung aus dem Wege zugehen, die das Geschäft platzen lassen oder schlimmer: eine Vertrauensbeziehung zerstören könnte, die Schritt für Schritt aufgebaut wurde. Dementsprechend zieht er es vor, seine Ansichten oder Interessen auszuklammern, um Spannungen zu vermeiden und der Beziehung zum Kunden bzw. der Einigung mit diesem Vorrang zu geben.

## Wann ist ein entgegenkommendes Verhalten angebracht?

Zum Beispiel wenn das Kräfteverhältnis kein anderes Vorgehen zulässt, vor allem dann, wenn energischere Verhaltensweisen in eine Sackgasse geführt haben, alle „Sicherungen durchgebrannt" sind (die Verhandlungspartner bekleiden untergeordnete Positionen, haben die Order, beharrlich ihre Stellung zu halten) und selbst eine minderwertige Einigung unter dem Strich immer noch besser ist, als die Verhandlung abzubrechen. Das kann auch der Fall sein, wenn man die Gewissheit hat, dass die Zugeständnisse von heute den Gewinn von morgen ausmachen. Allgemein gesagt ist der entgegenkommende Verhandlungstyp imstande, in Branchen erfolgreich zu sein, wo das „Zwischenmenschliche" entscheidend ist, und besonders in langwierigen und komplexen Verhandlungen, wo es darum geht, zusammen mit dem Kunden zahlreiche Probleme zu lösen, ohne dass die Preise im Vordergrund stehen. Gegenüber „mitfühlenden" Gesprächspartnern oder bei solchen, die den technischen Aspekt propagieren, kann das entgegenkommende Verhalten zu guten Ergebnissen führen.

## Wo sind die Grenzen des Entgegenkommens?

Wenn der Kunde ein harter Verhandlungspartner ist, der entschlossen ist zu punkten, wird der entgegenkommende Verkäufertyp zur leichten Beute. Wenn sich das direkte Gespräch zu einem Schlagabtausch ausweitet, ist er von vornherein auf verlorenem Posten. In den heikelsten Situationen läuft der entgegenkommende Verhandlungstyp sogar Gefahr, sich unterlegen zu geben. Das kann in verschiedenen Formen auftreten.

*Schüchternheit:* Dieser Typ fühlt sich gegenüber einem lautstarken Kunden wie gelähmt, er traut sich nicht, seine Forderungen auszusprechen, kann nicht nein sagen, weil er eine feindselige Reaktion befürchtet ...

*Falsche Vorwände,* um abzuwarten und nichts entscheiden zu müssen: Der Verkäufer findet gute Ausreden, um das Problem jetzt nicht angehen zu müssen: „Es ist vielleicht besser abzuwarten, bis sich das klärt", „Später wird man dann sehen", „Lassen wir das Gewitter erst mal vorbeiziehen" ...

*Gute Gründe,* um sich im Hintergrund zu halten: Der Verkäufer, der von seinem Chef oder einem technischen Leiter begleitet wird, verhält sich ruhig bei der Aushandlung heikler Punkte: „Ich warte erst einmal die Reaktionen ab, überlege, wie ich mich im weiteren Verlauf des Gesprächs verhalten soll ... "

*Gesteigertes Geltungsbedürfnis:* Weil er in übertriebener Weise „angenehm" seinem Kunden gefallen will, lässt der Verkäufer sich ausbeuten, ohne dass er sich traut, etwas dagegen zu unternehmen ...

*Das Unvermögen, schwierige Situationen allein zu bewältigen:* Bei harten Fällen erscheint dieser Verkäufer nur in Begleitung seines Chefs ...
   Ein Beispiel: Der Verkaufsvertreter eines großen pharmazeutischen Labors stattet einer Privatklinik, die zu seinem Kundenkreis gehört, einen Besuch ab. Es wurde ein Auftrag vergeben über eine bestimmte Produktmenge zu genau festgelegten Preisbedingungen. Da sich das Geschäft über den Zeitraum von genau einem Jahr, von Januar bis Januar, erstreckt, gedenkt der Vertreter, einen

„Routinebesuch" zu machen, als er am 12. Mai in der Gegend eine chirurgische Klinik aufsucht, um dort die Punkte hinsichtlich der laufenden Geschäfte zu besprechen. Der Empfang durch die für Lieferungen zuständige Apothekerin ist kühl: „Ich habe schlechte Neuigkeiten für Sie, wir stoppen alles. Es sieht so aus, dass wir einen Lieferanten gefunden haben, der uns ähnliche Produkte zu einem Preis liefert, der 15 % unter Ihrem liegt. Bei der momentanen wirtschaftlichen Lage haben wir keine Wahl." Der Vertreter versteht nicht ganz: „Aber wer hat denn diese Entscheidung getroffen? Gibt's eine Möglichkeit, das nochmals zu prüfen?" Die Apothekerin ist unflexibel: „Die Entscheidung kommt von der Direktion. Sie ist unwiderruflich." Der Vertreter zaudert. Da ist eine Verpflichtung für die Dauer eines Jahres eingegangen worden ... aber soll man riskieren, sich mit dieser Leiterin zu überwerfen, wo es doch gut möglich ist, von ihr im Laufe des Jahres andere Aufträge zu bekommen? Er beschließt, die schlechte Nachricht mit Bedauern zur Kenntnis zu nehmen. Mit frostigem Blick wendet sich die Apothekerin erneut an ihn: „Gehen Sie noch nicht, ich muss Sie etwas fragen. Ich habe noch mehrere Kartons mit Ihrem Produkt übrig, die ich bestellt, aber nicht aufgebraucht habe. Das Verfalldatum ist noch nicht erreicht, und Sie haben sicher in anderen Anstalten Verwendung dafür ..." Auch hier überlegt der Vertreter: Soll ich deswegen in die Luft gehen und die Rücknahme verweigern? Was hätte ich damit gewonnen? Er entscheidet sich, kooperativ zu sein: „Eigentlich müsste ich die Rücknahme verweigern, oder ... Aber in Ordnung, schauen wir mal, ich werde das hinkriegen ... "

Die Nachteile dieses Verhaltensmusters sind auf drei Ebenen wirksam:

- Wenn es um die unmittelbare Rentabilität geht, stimmt der entgegenkommende Verhandlungstyp oft kostspieligen Kompromissen zu.
- Was die persönliche Glaubwürdigkeit anbelangt, ist es möglich, dass seine Eigenschaften als gleichwertiger Gesprächspartner in Zweifel stehen.
- In Bezug auf den Handlungsspielraum im Nachhinein wird der „verträgliche" Aspekt vom Kunden schnell aufgenommen, sozusagen als eine „erworbene Vergünstigung", und eine Verhärtung im Nachhinein kann als sehr schlecht empfunden werden.

Warum wird entgegenkommendes Verhalten zur Schwäche?

Dafür sind vier Gründe maßgeblich verantwortlich:

- Der Verhandelnde kann die Kräfteverhältnisse nur schlecht einschätzen und überschätzt die Überlegenheit seines Gesprächspartners („Die Sache ist von vornherein verloren ... ").
- Er unterschätzt seine Fähigkeit, seinen Vorstellungen genügend Geltung zu verschaffen.
- Er verkennt die Bedeutung der Einsätze (Folgen eines Rabatts, etc...).
- Er hat ein stark ausgeprägtes Bedürfnis, vom Kunden geschätzt bzw. gemocht zu werden.

## Das kämpferische Verhalten

Was ist das Kämpferverhalten? Das kämpferische Verhalten spiegelt eine bestimmte Anschauung der Verhandlung wider: „Es ist besser, wenn ich der Wolf bin und nicht das Lamm." In der Überzeugung, dass die Verhandlung einer

Auseinandersetzung gleichkommt und das große Stück vom Kuchen dem Stärksten zufällt, geht der „Kämpfer" in eine Verhandlung wie in eine Arena. Hierbei handelt es sich oft um eine extrovertierte Persönlichkeit, selbstsicher, von ihrem Handeln überzeugt. Der kämpferische Verhandlungstyp verteidigt seine Interessen, seine Vorstellungen, traut sich, die schwierigen oder heiklen Fragen direkt anzugehen. Er stellt sich Situationen, wo andere die Flucht ergreifen oder den Kompromiss suchen. Der Kampfgeist kommt oft in klaren Ablehnungen zum Ausdruck: „Keine Rede", „Mit Sicherheit nicht" ...

In welchen Fällen ist ein Kämpferverhalten angebracht?

Kampfgeist empfiehlt sich besonders dann, wenn man punktuelle Verhandungen führen muss, mit hohem finanziellem Einsatz, gegenüber festgelegten Gesprächspartnern, die ihrerseits ein kämpferisches Verhalten an den Tag legen. Kampfgeist, Angriff können wirksame Mittel sein, um bei Verhandlungspartnern Anerkennung bzw. Respekt zu finden, die Verhandlung als ein Tauziehen bzw. Kräftemessen erachten.

**Wo sind die Grenzen des kämpferischen Verhaltens?**
Findet die Verhandlung im Rahmen einer andauernden Geschäftsbeziehung mit betreuender Funktion statt, die ein starkes Vertrauensverhältnis zwischen Verkäufer und Kunde erfordert, kann die Kampfbereitschaft die Qualität der Beziehung beeinträchtigen. Außerdem ist es möglich, dass der kämpferisch eingestellte Verhandelnde aggressiv wird, vor allem wenn sich die Situation zuspitzt. Dieses aggressive Verhalten tritt in mehreren Formen auf:

- etwa die rachsüchtige Haltung eines Verhandelnden, der sich mit der Rolle des Zuschauers begnügt und dabei nicht vergisst, „herauszugeben" ... Gegenüber dem Käufer bedient er sich bisweilen der Drohung als Mittel, entweder in direkter Form oder unterschwellig.
- Die „große Klappe": er spricht laut und viel, man hat Mühe, ihn zu unterbrechen ... und erst recht, ihm zu widersprechen.
- Der Waghals, zu allem bereit, um das Geschäft mitzunehmen, auf Biegen oder Brechen ...
- Der Verfolger: er bringt andere liebend gerne in Bedrängnis und legt gegenüber einem Käufer mit schlechteren Karten eine bissige Ironie an den Tag.

Die Nachteile dieser Verhaltensmuster liegen darin begründet, dass beim Käufer Frustgefühle erzeugt werden. Nun kann es sein, dass dieser emotional reagiert, und die Gefahr eines Gesprächsabbruchs zeichnet sich ab, oder aber der Käufer akzeptiert den Kampfgeist oder sogar die Aggressivität des Verkäufers, wenn das augenblickliche Kräfteverhältnis ihn dazu nötigt. Aber in diesem Fall wird es schwierig sein, auf Dauer Vertrauensverhältnisse oder gegenseitige Hilfe aufzubauen ...

**Warum entwickelt sich Kampfgeist zur Aggressivität?**
Für gewöhnlich sind diesbezüglich drei Hauptursachen verantwortlich:

- der Wunsch nach Vergeltung, der dazu führt, sich mittels einer „zwischengeschalteten Person" zu rächen (man sagt dem Kleinkunden das, was man sich bei Großkunden nicht traut ...);

- die Prägung durch Vorbilder (Eltern, fiktive Bezugspersonen ...) und die persönliche Genugtuung, sich bei anderen durchzusetzen;
- der Eindruck, die Aggressivität sei die einzige Alternative zum Unterlegenheitsverhalten in schwierigen Situationen.

## Der „Spieler"

Was macht der Spieler? Zahlreiche Verkäufer betrachten die Verhandlung als ein Spiel, indem es um Geschicklichkeit in Form von geistiger Wendigkeit geht. Man muss dabei tricksen, um das Rennen zu machen. Es geht darum, dass man versuchen muss, den Gesprächspartner durch die verschiedenartigsten Mittel zu beeinflussen, will man bei dem Geschäft größtmöglichen Profit machen:

- Charme, Verführung, Herzlichkeit;
- Geschick im Vorlegen der Absatzzahlen, der Angebote;
- Anwendung „indirekter Mittel": die Botschaften durch „zwischengeschaltete Personen" übermitteln, beim Kunden mit den Abteilungen operieren;
- die Fähigkeit, seine wahren Gefühle zu verbergen: Überraschung vortäuschen bezüglich dessen, was man bereits weiß, Enttäuschung über gute Nachrichten, etc.

### Wann ist ein Spielerverhalten angebracht?
Dieses Verhalten kann mitunter sinnvoll sein, wenn die Verhandlung komplex ist (mehrere Gesprächspartner, die jeden einzelnen Gesichtspunkt verteidigen, sowie unterschiedliche Interessen, unter Verwendung von subtilen

Taktiken) ... oder wenn man ebenfalls einen Spielertypen vor sich hat.

## Wo sind die Grenzen des Spielerverhaltens?

Auf den ersten Blick kann das „Spiel" verführerisch sein, weil es kurzfristig erlaubt, in einer Verhandlung das wirtschaftliche Ziel mit einem zwischenmenschlichen zu verknüpfen. Es gibt dem Verhandelnden das Gefühl, die Fäden zu ziehen, die anderen in seinem Sinne handeln zu lassen und dabei Konflikte und schroffe Ablehnungen zu vermeiden. In einer schwierigen Situation wird sich der „Spieler" leicht verleiten lassen, die Grenze zu überschreiten, wo das Spiel zur Manipulation übergeht. Manipulieren heißt in diesem Falle handeln, indem man seine wahren Absichten zu verbergen sucht.

Solche Typen sind z.B.:

*Der Desinformant:* er gibt dem Kunden „Informationen" über die Konkurrenz, die Marktlage ... damit ihm Zweifel kommen hinsichtlich seines Vorteils („Ah, Entschuldigung ... ich dachte, Sie hätten bereits von Herrn LAUS Verdruss gehört ...").

*Der Kombinierer:* er stellt den Techniker gegen den Finanzier, verhandelt mit dem Konstruktionsbüro, ohne den Käufer davon in Kenntnis zu setzen, und gibt den einen wie den anderen widersprüchliche Informationen ...

*Der Regisseur:* er verteilt die Rollen, z.B. zwischen einem „Bösen" und einem „Guten" beim Käufer.

*Der Schuldgefühle Weckende:* er benutzt das Wertesystem seines Gegenübers, um diesem ein schlechtes Gewissen einzuimpfen: „Sie, der Sie doch immer von Partnerschaft und Klarheit reden, Herr Lehmann, können mir doch eine solche Information nicht vorenthalten ..."

*Der „Freimütige":* er macht auf Vertrauen und schlägt „klare Worte" vor, dass man die „Karten auf den Tisch legen solle" ... gibt aber für seinen Teil nur verstümmelte, andeutungsweise Informationen.

Diese Verhaltensweisen können wirkungsvoll sein bei einem sehr unterschiedlichen Kräfteverhältnis zwischen Manipulierer und Manipuliertem: es ist verhältnismäßig einfach, einen unerfahrenen Verhandlungspartner zu beeinflussen, der mangelhafte Kenntnisse über das Geschäft oder den Markt hat. Es ist jedoch ersichtlich, dass die „Schliche" des Manipulierers mit der Zeit zu einem offenen Buch werden und daher zwei wichtige Folgen nach sich ziehen:

- Der Verhandelnde, der als Manipulierer bekannt ist, ruft ständiges Misstrauen hervor: seine Behauptungen, Verhaltensmuster werden analysiert, ausgelegt.
- Der beeinflusste Käufer sinnt auf Revanche und sieht sich gewissermaßen von bestimmten moralischen Regeln entbunden.

**Warum und wann wird aus Spiel Manipulation?**
Das Manipulierverhalten ist im Allgemeinen mit Überzeugungen verbunden wie: „Jedenfalls macht's die ganze Welt so", „Geschäfte machen ist nichts für Idealisten", „Es ist leichter, auf Umwegen zu handeln, als direkt", „Man muss teilen, um zu regieren ... " Im Besonderen kann der elterliche Einfluss entscheidend sein, die Erfahrung, dass manchmal die Lüge als erzieherische Methode aufgestellt wurde ...

Wie wirksam ist Ihr bevorzugter Stil in Bezug auf Ihre Gesprächspartner?

| Sie | Gegenüber einem Verhandlungspartner sind Sie | | |
|---|---|---|---|
| | *entgegenkommend* | *kampflustig* | *Spieler* |
| sind entgegenkommend | wirkungsvoll | nicht wirkungsvoll | nicht wirkungsvoll |
| entwickeln Kampfgeist | kurzfristig wirkungsvoll, langfristig offen | wirkungsvoll | offen |
| sind Spieler | kurzfristig wirkungsvoll, langfristig offen | offen | wirkungsvoll |

# Selbstsicherheit: eine mächtige Waffe, um voranzukommen

## Was ist das, Selbstsicherheit?

In den USA ist der Begriff „assertiveness" von Psychologen entwickelt worden, um dem Einzelnen zu ermöglichen, sich im Einklang mit den anderen zu behaupten. Es gilt vor allem:

- seinen Standpunkt zu verteidigen, ohne andere Personen anzugreifen;
- seine Gefühle frei und ungezwungen auszudrücken (Freude, Enttäuschung, Gegensätzlichkeit, Sorge ... );
- Beziehungen herzustellen, die auf Vertrauen aufgebaut sind und nicht auf Dominanz oder Manipulation).

Bei Verkaufsverhandlungen ist dieses Mittel besonders nützlich in Spannungssituationen:

- wenn man eine hohe Forderung des Kunden zurückweisen muss;
- wenn man eine „unangenehme Neuigkeit" an den Mann bringen muss;
- wenn man den Kunden um etwas bitten muss, das zurückgewiesen werden kann;
- wenn man auf einen aggressiven Verhandlungspartner trifft;
- wenn man mit einem Kunden fertig werden muss, der manipuliert ...

**bei Streitigkeiten**

206

Der selbstbewusste Verhandlungspartner ist sehr entschlossen *bei grundsätzlichen Unstimmigkeiten,* aber niemals hart *im Umgang mit Personen.*

## Wie man trotz der Willkür des Käufers „selbstsicher" auftreten kann

Wir alle haben die Neigung, unter dem Druck eines Kunden überzeugen oder etwas beweisen zu wollen. Angesichts realer Einwände oder Forderungen nach Zugeständnissen ist das Argument sicherlich eine unerlässliche Quelle, ruft man sich die Goldene Regel Nr. 2, Kapitel 7 (Seite 110) in Erinnerung.

Indes sind wir in Verhandlungen oft mit dem Druck von willkürlichen Unterstellungen konfrontiert: der Käufer kritisiert einen unwichtigen Punkt des Angebots, um „zu sehen, was noch drin ist"; er kommt auf einen Einwand oder eine Bitte zurück, worauf bereits eine eindeutige Antwort erfolgte; er versucht, den Verkäufer in dessen eventuelle Widersprüche zu verstricken.

Angesichts eines Drucks in dieser Form wird die Argumentation des Verkäufers schnell in Rechtfertigung ausarten, und das ist der schlimmste aller Fehler, den es zu vermeiden gilt. Zu diesem Zweck gibt es zwei Techniken, die dem Verkäufer dabei helfen, in einer solchen Situation selbstsicher aufzutreten.

### Das Aussitzen
Es kann verlockend sein, bei einer böswilligen Unterstellung dem Gesprächspartner kontra zu geben und eine Polemik zu entfachen. Das ist sicherlich ein sehr unwirksames Verhalten. Die Technik des Aussitzens besteht darin,

die Aussagen des Gesprächspartners zur Kenntnis zu nehmen, ohne eigentlich in die Diskussion einzusteigen.

Käufer: Ihre Preispolitik ist unlogisch!
Verkäufer: Ich kann da nicht zustimmen, aber ich weiß, was Sie damit sagen wollen.
Käufer: Sie haben mir vor einem Jahr 5 % Ermäßigung vorgeschlagen, und jetzt reden Sie von gerade mal 2 %!
Verkäufer: Stimmt genau.
Käufer: Sie versuchen, mich in die Arme der Konkurrenz zu treiben!
Verkäufer: Es steht Ihnen frei, das zu denken. (...)

Diese Technik des Aussitzens ist besonders wirksam, wenn man entschlossen ist, in einem bestimmten Punkt nicht nachzugeben. In der Tat gestattet sie, die Angriffe des Kunden still und leise auf diese Ebene hinüberzuziehen, ohne sich dabei damit aufzuhalten.

Käufer: Sie wollen mir diese Zusatzkosten nicht etwa in Rechnung stellen!
Verkäufer: Ja, das ist Bestandteil unserer Bedingungen.
Käufer: Das müsste im Gesamtpreis inbegriffen sein.
Verkäufer: Man könnte es sich vorstellen ...
Käufer: Ihre Konkurrenten gehen die Dinge da logischer an.
Verkäufer: Das ist gut möglich ...
Käufer: (das Thema scheint sich erschöpft zu haben) Andererseits wollte ich mit Ihnen die Planung von ... überprüfen ...

## Die fixe Idee

Der Trick besteht ganz einfach darin, seine erste Antwort so oft zu wiederholen, bis der Druck wieder abnimmt.

Käufer: Sie müssen mir diesen Nachlass einfach geben.
Verkäufer: Ehrlich, das kann ich nicht machen.
Käufer: Versuchen Sie nicht, mich in die Irre zu führen, ich weiß, dass Sie über einen ausreichenden Spielraum verfügen – sagen wir 5 % und ich lasse mit mir reden.
Verkäufer: So glauben Sie es mir doch, es geht nicht.
Käufer: Ich wundere mich über Ihr Verhalten: mit Ihrem Vorgänger konnte man immer einen realistischen Kompromiss aushandeln ... Ihre Direktion würde wohl nicht damit einverstanden sein, einen Kunden wie mich zu verlieren! Geben Sie mir 3 %.
Verkäufer: Wirklich, das ist nicht machbar. (...)

Mit dieser Technik der „fixen Idee" zeigt man dem Käufer, dass man im Grunde genommen eine entschlossene Haltung annimmt, ohne deshalb seine Ruhe oder Höflichkeit zu verlieren.

Ein Beispiel: Der Chef eines Chemieunternehmens verhandelte den Verkauf seiner Firma an einen internationalen Industrieverband. Die Gespräche befanden sich in einem sehr fortgeschrittenen Stadium: die Firma war geprüft worden, die Modalitäten hinsichtlich der Preisfestsetzung waren ausgehandelt, die rechtlichen Aspekte der Transaktion so gut wie geklärt. Während einer Arbeitssitzung, die sich mit dem Bericht der Rechnungsprüfer beschäftigte, erhob der Leiter der Entwicklungsabteilung der Käuferfirma Bedenken hinsichtlich der Risiken, die mit der Gesetzgebung über den Umweltschutz verbunden waren: „In den Lagern Ihrer Firma", so der

Käufer, „gibt es Fässer mit giftigen und möglicherweise gefährlichen Produkten. Die Entsorgung dieser Produkte kann für uns beim Kauf Ihrer Firma teuer werden … "

Der Verkäufer wunderte sich: „Wieso wollen Sie das überhaupt machen?"

Der Käufer brachte eine sichtlich ausgereifte Argumentation: „Wenn uns die Behörden irgendwann einmal zwingen, diese Produkte wiederaufzubereiten oder zu entsorgen, werden wir vor ein riesiges wirtschaftliches Problem gestellt." Er fügte hinzu: „Dieses Problem ist damit verbunden, wie Sie Ihre Firma damals geführt haben, und es kann nicht angehen, dass wir die Folgen dafür tragen. Wir halten es außerdem für nötig und nicht mehr als rechtens, dem Vertrag eine Garantieklausel über diesen Punkt hinzuzufügen." Dann legte der Anwalt des Käufers dem verdutzten Verkäufer einen Ordner mit genauen Recherchen vor. Darin stand, dass im Falle einer Wiederaufbereitung oder einer Entsorgung alle dadurch entstehenden Kosten zu Lasten des Verkäufers gingen, für eine Dauer von fünfzehn Jahren, nachdem die Wiederaufbereitung durch die Behörden erzwungen worden wäre. Der Verkäufer reagierte heftig: „Sie kaufen die Firma und damit die Risiken! Ich werde auf keinen Fall zahlen, nur weil der Staat Sie in fünfzehn Jahren zu diesen oder jenen Arbeiten verpflichtet!"

Der Käufer bestand auf den möglichen Kosten dieser Arbeiten, die bis zu 80 % des Schätzwertes der gesamten Firma ausmachen konnten … Der Verkäufer wiederholte seine zu Anfang gegebene Antwort: „Sie kaufen die Firma und damit die Risiken." Nach etwa zwanzigminütigem Hin und Her über diese Garantiefrage besann sich der Verkäufer auf eine andere Strategie. Tatsächlich versuchte er, anstatt sich damit zu begnügen, seinen Standpunkt zu wiederholen, diesen auch noch zu rechtfertigen. „Gehen wir mal davon aus, dass Sie in 15 Jahren tatsächlich zu Sanierungsarbeiten gezwungen sind. Die aufzubereitenden Produkte stammen aus meiner Herstellung ... aber auch aus Ihrer! Weshalb sollte ich die Kosten für eine solche Aufbereitung tragen?" Der Käufer setzt schließlich ein breites Lachen auf. „Sie haben ja ganz recht ... " Einige Minuten später akzeptierte der Verkäufer eine Garantie von fünfzehn Jahren. Die im Vertrag zuerst auf 100 % festgelegte Garantie reduzierte sich schrittweise, um nach Ablauf von fünfzehn Jahren bei Null zu liegen, wogegen der Verkäufer keine Einwände vorbringen konnte, ohne seiner eigenen Argumentation zu widersprechen. Laut Anwalt des Käufers hätte dieser auch ohne diese Klausel den Vertrag unterzeichnet. Hätte der Verkäufer dem Druck standgehalten und den Argumenten des Käufers durch „Aussitzen" den Wind aus den Segeln genommen („Das kann sein ... ") oder seine „fixe Idee" erneut vorgebracht („Sie kaufen die Firma und damit die Risiken ... "), würde er vermieden haben, eine Klausel zu unterzeichnen, die den Gegenstand des Verkaufs über Jahre hinaus gefährdet.

## Wie man eine Meinungsverschiedenheit mit dem Kunden „selbstsicher" beilegt

### Eine Zehn-Punkte-Methode
*1. Wenden Sie sich direkt an die Person, die es betrifft*
Es ist verlockend, sich beim Produktionsleiter über das Verhalten des Verkäufers zu beschweren ... aber der selbstbewusste Verhandelnde setzt sich direkt mit dem Betreffenden auseinander und sucht einen realistischen

Kompromiss auf der Grundlage der beiderseitigen Interessen.

## 2. Verhandeln Sie unter sich

Manchmal fühlt man sich vor Zeugen stärker ... aber hier soll nicht angeklagt, sondern eine zufrieden stellende Übereinstimmung gefunden werden!

## 3. Räumen Sie die Meinungsverschiedenheit unverzüglich aus

Der „unsichere" Verhandelnde zieht es vor, dass sich die Dinge „von alleine klären" ... der selbstsichere hingegen geht das Problem unmittelbar an, wenn es auftaucht.

## 4. Seien Sie konkret und präzise

Es ist wünschenswert, die Fakten gleich zu Beginn der Meinungsverschiedenheit klar zu umreißen, ohne sich groß in Erklärungen zu ergehen. Im Besonderen gilt es zu vermeiden:

- offen zu legen, welche Absichten Sie hinter dem Käufer vermuten („Sie wollten mich hinters Licht führen, um einen besseren Preis zu bekommen!"), vermeiden Sie, Ihren Protest durch Mimik zum Ausdruck zu bringen;
- das Problem auszuweiten durch Worte wie „immer", „niemals" ...;
- Vergleiche anzustellen zwischen dem Käufer (als wenig gewissenhaft dargestellt) und seinen Kollegen oder seinem Vorgänger.

## 5. Entschuldigen Sie sich nicht

Sie trifft keine Schuld, wenn Sie mit einer Situation unzufrieden sind!

*6. „Ich" ist besser als „Sie"*
Eine der grundsätzlichsten Techniken des selbstsicheren
Auftretens. Das „Sie" kann schnell in Aggressivität ausarten: „So etwas haben Sie mir nie gesagt!" Das „ich"
gestattet dagegen, die Situation ruhig zu schildern, ohne
den Gesprächspartner direkt in Frage zu stellen: „Ich bin
befremdet, um nicht zu sagen verstimmt, denn mir ist bis
heute eine derartige Bitte niemals zu Ohren gekommen."

*7. Legen Sie den Gegenstand der Meinungsverschiedenheit
objektiv dar*
Sofern es nötig werden sollte, auf die negativen Folgen
der Streitigkeit einzugehen, vermeiden Sie dabei jegliche
Übertreibung, die einer Drohung gleichkäme.

*8. Rufen Sie sich die positiven Gesichtspunkte der Bezie-
hung mit dem Kunden in Erinnerung*
Es geht darum, ein günstiges Klima zur Lösung der
Meinungsverschiedenheit zu schaffen.

*9. Schlagen Sie Lösungen vor, die für den Kunden annehm-
bar sind*
Ihn das Gesicht verlieren zu lassen, löst auf Dauer das
Problem nicht ...

*10. Bereiten Sie sich in Ruhe vor*
Hüten Sie sich ganz besonders vor jeglicher aggressiven
Selbstbeeinflussung („Der bekommt was von mir zu hören,
er wird schon sehen, mit wem er es zu tun hat ...") und
vor dem leisesten Anflug von Angst („Wie wird er wohl
reagieren?"). Wenn man wortgetreu aufschreibt, was man
zu sagen gedenkt, um die heikelsten Punkte anzuspre-

**213**

chen, hat man eine sehr gute Möglichkeit, sich auf selbstbewusstes Handeln vorzubereiten.

**Eckpunkte zum Merken**

Es gibt drei Verhaltensweisen, die in einer Verhandlung wirkungsvoll sein können: Entgegenkommen, Kampfgeist, Spielerverhalten. Das kann sich jedoch ins Gegenteil kehren, wenn diese jeweils in Schwäche, Aggressivität oder Manipulation ausarten.

Die Selbstsicherheit besteht darin, unter Beweis zu stellen, dass man eigentlich entschlossen ist, ohne dabei jedoch jemals den Gesprächspartner zu verletzen oder in die Irre zu führen.

Die Technik des „Aussitzens": „Das ist möglich", „Ich verstehe" ...

Die fixe Idee: Wiederholen Sie in Ruhe die bereits gegebene Antwort, benutzen Sie dabei dieselben Worte, und so oft wie nötig.

**Auch hier wieder einige gute Fragen an Sie:**

Wie sieht mein spontanes Verhalten in Verhandlungen gegenwärtig aus: entgegenkommend, kämpferisch, oder bin ich ein Spielertyp?

In welchen Situationen kann mir dieses Verhalten zum Nachteil gereichen?

Welche Reaktionen in Bezug auf Selbstsicherheit sollte ich vorrangig entwickeln?

**214**

# Johann LAU wendet die Ratschläge von Anton PREI an …

Johann LAU bereitet sich auf ein schwieriges Verhandlungsgespräch vor. Zusammen mit seinem kaufmännischen Leiter hat er eine Strategie entwickelt: die Ziele, die es zu erreichen gilt, sind klar in Bezug auf Menge, Preis, Zusatzbedingungen. Für jeden Punkt hat er sich ein „Limit" gesetzt, wenn nötig, an spezielle Bedingungen geknüpft. Daraufhin ist das Angebot so erstellt worden, dass man einen realistischen Verhandlungsspielraum hinsichtlich des Preises lässt, aber auch einen „Fixpunkt" schafft bezüglich der Lieferfristen.

Die möglichen Forderungen des Kunden wurden unter die Lupe genommen und deren Folgen hinsichtlich Rentabilität und Liquidität gemessen. Die in Betracht kommenden Zugeständnisse und Gegenleistungen wurden als Entscheidungshilfe in eine Schautafel eingetragen, die Johann LAU während der Verhandlung in seiner Akte aufbewahrt. Johann LAU ist darauf bedacht, das Gespräch in einer für ihn positiven Ausgangslage zu beginnen: Er hat tunlichst unterlassen, seinem Gegenüber „erkennbare" Informationen preiszugeben, die dieser am Ende gegen ihn verwenden kann. Wohl wissend um den Termindruck des Kunden, hat er geschickt die Uhr für sich arbeiten lassen und weiß, dass der Kunde jetzt schnell abschließen muss. Als die Verhandlung in Gang kommt, rückt sich Johann LAU die fünf Goldenen Regeln zurecht. Wo der Kunde einen erheblichen Preisnachlass verlangt, diskutiert Johann ausführlich über das Produkt, die Technik, den Service. Da er um den Termindruck des Kunden weiß, bringt er somit die Goldene Regel Nr. 2 zum Einsatz. Daneben wendet er auch die Goldene Regel Nr. 5 an:

LAU: Wenn wir mal von dem Faktor Preis absehen, über den Rest sind wir uns doch einig?

Käufer: Hören Sie, lassen Sie uns doch gleich über den Preis reden, das ist doch in diesem Fall das Wichtigste ...

LAU: Mir wäre es lieber, wenn wir uns zuerst über die anderen Faktoren einigten, damit wir uns dann über den Preis unterhalten können.

Käufer: Im Moment hätte ich von Ihnen gerne eine Antwort auf meine Frage nach dem Preis, schweifen Sie bitte nicht ab!

LAU: Wenn Sie absolut auf dieser Frage bestehen, muss ich Ihnen als Antwort nein sagen. Schauen Sie doch mal, lassen Sie uns zunächst alle Faktoren durchgehen, dann kann ich Ihnen diese Frage vermutlich eher zu Ihrer Zufriedenheit beantworten, da Ihnen der Preis realistischer erscheint ... also ich wiederhole meine Frage: Sind wir uns das Übrige betreffend einig?

Käufer: Da sind zwei Dinge, die mich stören: die Lieferfrist und die Berechnung für die Installation.

LAU: Sind das die einzigen beiden Punkte, die Sie zögern lassen?

Käufer: Ja, bei dem Preis ...

LAU: Wenn wir also bezüglich dieser drei Faktoren eine Einigung finden, kann ich gleich heute mit Ihrem Auftrag rechnen?

Käufer: Ja, das ist so.

LAU: Es gibt eine Sache, in der ich Ihnen nicht entgegenkommen kann: das sind die Installationskosten. Es ist sozusagen unsere Firmenphilosophie, dass derartige Kosten extra berechnet werden. Deshalb kann ich da am Preis nichts machen.

Käufer: Mag sein, aber Ihre Konkurrenz, die berechnet nichts dafür ...

LAU: Der Kunde bezahlt immer dafür. Wir halten es so, dass wir für den Kunden entstehende Kosten klar offenlegen. Vergessen wir nicht, dass der Installationspreis weniger als 1 % der Gesamtkosten des Geschäfts ausmacht. Diesbezüglich kann ich leider nichts machen. Andererseits ...

Käufer: Ich höre ...

LAU: Andererseits verstehe ich voll und ganz Ihren Wunsch nach einer sehr kurzen Lieferfrist. Das Problem besteht darin, dass, wenn ich Ihnen das zusage, die gesamte übrige Produktion für mehrere Wochen umgestellt werden müsste ...

Käufer: Nun, Sie werden aber verstehen, dass dies ein Muss ist, wenn Sie mit uns Geschäfte machen wollen!

LAU: Ich sehe schon ... aber es fällt mir nicht leicht, diese Belastungen auf meine Firma umzulegen ... (dann kommt die Goldene Regel Nr. 3 zur Anwendung) Wären Sie von Ihrer Seite aus bereit, die Zahlungsfälligkeiten nochmals zu überdenken?

Käufer: Das hat damit nichts zu tun!

LAU: Ich bin ganz einfach der Meinung, dass wir eventuell die Zahlungstermine etwas verschieben könnten, um bessere Lieferbedingungen zu rechtfertigen, die für uns mit erheblichen Kosten verbunden sind ...

Käufer: Was schlagen Sie vor?

LAU: Wenn Sie eine Zahlung auf Wechselbasis akzeptieren, sagen wir in 30 Tagen zum Ende des Monats anstatt 60 Tage zum Monatsende am 10., kann ich möglicherweise eine besonders schnelle Lieferfrist für Sie herausschlagen ...

Käufer: Ich habe keine Einwände ...

LAU: Sagen wir, unter diesen Umständen könnte ich am 30. März liefern und nicht erst am 15. Mai. Ich sichere

Ihnen das heute abend schriftlich zu, sobald ich von meinem Firmenchef grünes Licht habe. Einverstanden?

Käufer: Ja ... aber da ist immer noch der Preis! Ich denke da an mindestens 5 % Ermäßigung ...

LAU: Das sind fast 15 000 Euro, das steht ganz und gar außer Frage.

Käufer: Wenn Sie an diesem Geschäft nicht interessiert sind ...

LAU: Ich bin sogar sehr daran interessiert ... aber nicht zu jedem Preis. Am Preis kann ich nichts mehr machen ... Aber ich mache ich Ihnen einen Vorschlag. Könnten wir noch einmal über die Wartung der Anlagenteile sprechen?

Käufer: Lassen Sie hören ...

LAU: Wenn Sie uns mit der Wartung über einen Zeitraum von zwei Jahren betrauen, bin ich bereit, Ihnen einen Bonus auf die gesamte Wartung bzw. Einzelteile zu geben.

Käufer: In welcher Größenordnung?

LAU: Wenn wir dadurch heute zum Abschluss kommen, verpflichte ich mich zu 5000 Euro im Jahr mit Ablauf in drei Jahren.

Käufer: Das ist besser als nichts ...

Wenige Stunden später teilt Johann LAU seinem Chef mit, dass der Vertrag unterzeichnet ist. Der lächelt würdevoll bei dem Gedanken an die Vorteile, die der Vertrag der ganzen Firma einbringt. Er weiß, dass die Verhandlung keineswegs einfach war. Nachdem beide einen Moment lang schweigend verharrt sind, legt der Chef seine Hand auf Johanns Schulter. „Sie sind ein außergewöhnlicher Verhandlungsfuchs", lässt er ihn wissen. „Ich frage mich manchmal, wo Sie das alles gelernt haben ..."

# Nachtrag

Anton PREI befindet sich heute im Ruhestand. Gänzlich aus dem Geschäftsleben zurückgezogen, verbringt er seine Zeit mit Gartenarbeit oder betreut die Kinder seines Wohnviertels in einem Schachklub. Johann LAU ist zum kaufmännischen Direktor befördert worden. Er hat es sich zur Aufgabe gemacht, alle seine Verkäufer hinsichtlich Preis- und Konditionenverhandlungen auszubilden, und beabsichtigt sogar, Anton PREI einzuladen: als Schlussredner seines kommenden nationalen Seminars.

# Literaturverzeichnis

Bellenger, Lionel, Négociez et vendez, Chotard, 1987
Bellenger, Lionel, Stratégies et Tactiques de négociation, ESF, 1990
Bellenger, Lionel, Les Outils du négociateur, ESF, 1991
Benson, J., Kennedy, G., McMillan, J., Managing Negotiations, Business Books, 1984
Chalvin, Dominique, L' Affirmation de soi, ESF, 1991
Cohen, Herb, Sachez négocier en toutes occasions, First, 1987
Dannenberg, Holger, Vertriebsmarketing, Luchterhand, 1998
Dupont, Christophe, La Négociation: conduite, théorie, applications, Dalloz, 1990
Fisher, Roger et Brown, Scott, D' une bonne relation à une négociation réussie, Seuil, 1991
Fisher, Roger et Ury, William, Comment réussir une négociation, Seuil, 1982
Hennerkes, Brun-Hagen/Leach, Barry R., Handbuch Umsatzsteigerung, Campus, 1998
Heusschen, Pierre et Perrotin, Roger, Acheter avec profit, Les Éditions d'organisation, 1993
Jolibert, Alain et Tixier, Maud, La négociation commerciale: étude de cas, préparation et stratégie, ESF, 1988
Karrass, Gary, Marché conclu, Rivages, Echos, 1986
Kellar, Robert, Sales negociating, Handbook, Prentice Hall, 1988
Koinecke, Jan und Jürgen, Mehr Profit im Vertrieb, Moderne Industrie, 1996

Laurent, Louis, Comment mener adroitement discussions et négociations, Dunod, 1987

Le Bail, Claude, La négociation d'achat, Chotard, 1988

Le Bail, Claude, Pratique de la négociation d'achat, Chotard, 1989

Lebel, Pierre, L' Art de la négociation, Les Éditions d'Organisation, 1983

Missenard, Bernard, L' Art de négocier en affaires, Les Éditions d' Organisation, 1987

Papmehl, André, Absolute Customer Care, Signum, 1998

Pepels, Werner, Business to Business Marketing, Luchterhand, 1999

Pinczolits, Karl, Der Schlagzahlmanager, Campus, 1998

Riess, Steffen, Kernkompetenz im Vertrieb, Franzis, 1998

Smith, Homer, Selling through Negotiation, AMA COM, 1988

Töpfer, Armin, Kundenzufriedenheit messen und steigern, Luchterhand, 1998

Ury, William, Comment négocier avec les gens difficiles: de l'affrontement à la coopération, Seuil, 1993

Walder, Eurois, Saint-Germain ou la négociation, Gallimard, 1958

Weghorn, Peter, 22 goldene Führungsregeln im Vertrieb, Max Schimmel, 1998

Winkelmann, Peter, Marketing und Vertrieb, Deutscher Universitätsverlag, 1999

Ich empfehle, die Studie dieses Werkes zu vervollständigen durch:
einerseits den Erwerb einer guten Verkaufstechnik, spezieller Literatur und Fachausbildungen;
andererseits den Besuch von mindestens einem praktischen Seminar, um vom Wissen zur Anwendung überzugehen. Ich gebe gerne persönlich all den Lesern Tipps, die mich anrufen oder aufsuchen.

# Stichwortverzeichnis

## A

Aasgeier 179
Absatz-
-menge 32
-volumen 21, 25, 63
Abschluss(-) 151, 155
-frage 160
Abschrecken 146
Abwesenheit des Ver-
  käufers 157
Aggressivität 201
Amateure 116
Angebot(s-) 100
-aufbau 99
-faktoren 87, 90, 99
Ängste 71
Anstrengungen 180
Argumente 129
Aufteilung, schlechte
  179
Auftragsvolumen 41
Aussitzen 207
Auswahl(-) 63, 76
-liste 179

## B

Bedeutung, strategische
  78
Bedingungen, schlechte
  148
Belastungen, finanzielle
  37
Budgetlimit 176

## D

Defensive 108
Desinformant 203
Dringlichkeit 171

Drohung 166, 170
Druck(-) 18
-mittel 132
Durchsetzen 146

## E

Einfluss 64, 77
Einstiegsforderung 93
Einwand 113
Eisklotz 179
Entgegenkommen,
  Grenzen des 196
Entscheidungen,
  übereilte 181
Entscheidungsträger 68,
  78
Entschuldigen 212
Erniedrigung 165
Eröffnung 130

## F

Fallen der Käufer 181
Fälligkeit 34
Forderung(en) 87
- erhöhte 106
- hohe 83, 96
- seitens des Kunden 46
- niedrige 105
Freund, falscher 179
Frist 34
Fünf Goldene Regeln 84

## G

Geduld 152
Gegenleistung(en) 124,
  129, 132, 145
Gegenvorschlag 111,
  131

Geltungsbedürfnis 197
Gesamtkosten 20
Gesamtspanne 28
Geschäfts-
-beziehungen 58, 124
-verhandlung 184
Geschenke 55
Gewicht 62, 76
Gewinn(-) 22
-anteil 19
-spanne 18, 32, 54
Gier des Kunden 126
Glaubwürdigkeit(s-) 69,
  79
-grad 94
Goldene Regeln, Fünf 82
Grenzpunkte 93

## H

Herabsetzung 165 f.

## I

Idee, fixe 209
Information 64, 77
Intuition 40

## K

Kombinierer 203
Kompromisse 11
Konditionen 28
Konzession(en) 46, 52,
  112
- Tabelle 145
Kosten 37
- fixe 20
- variable 24, 42
Kräfteverhältnis 58, 61,
  75

Kredit 36
Kunde, wichtigster 59
Kunden-
-anteil 63
-kredit 36 f., 39
-risikofaktor 36
-treuerabatt 56

**L**

Liquidität 38, 135

**M**

Macht(-) 71 f.
-faktoren 62
-- des Käufers 74
-minute 113, 119
Manipulation 204
Mehrwertsteuer 35
Meinungsverschieden-
heit mit dem Kunden
211
Mengenrabatt 56

**N**

Nachgeben 136
Nachlass 56, 190

**P**

Preis(-) 102
-Mengen-Verhältnis 27,
40
-nachlass 41, 54
-politik 193
Prinzipienfrage 160
Profis 116

**R**

Rabatt 55, 190
Ratenkauf 33
Realfrist 34
Rechenexempel 54
Rechtmäßigkeit 80
Regisseur 203

Reingewinn 19
Rentabilität 25 f., 68,
124
Risiken 69, 86, 88, 180,
135

**S**

Sachzwang 74, 77
Salami-Taktik 152
Sanktion 65, 78
Schüchternheit 197
Schuldgefühle 180
Schwächen 71
Selbst-
-analyse 184, 188
-sicherheit 205
Sondergeschäft 134
Spannungssituationen
206
Spieler(-) 202
-verhalten 202

**T**

Tabuzonen 92
Täuschungsmanöver 178
Trümpfe des Kunden 62

**U**

Überzeugen 68, 78
Überzeugungskraft 40
Umsatz 20, 24
Unklarheit 56

**V**

Vergünstigungen 55
Verhalten(s-)
- entgegenkommendes
194
- kämpferisches 199
-weisen in einer Ver-
handlung 214
Verhandlungen, schwie-
rige 53
Verhandlungs-

-beginn 89, 93
-kniffe 69
-schema 125
-schritt 118
-spielraum 98
-umfeld 154
-ziele 89
Verkäufer
- Abwesenheit des 158
-fallen 178
Verkaufs-
-kommission 157
-preis 26
-team 29
Verlagerung 146
Verlust 22
Verteidigen 115
Vorabschluss 153
Vorwände, falsche 197

**W**

Wechselbad 178
Wettbewerbsschwelle 94

**Z**

Zahlen 54
Zahlungs-
-aufschub 33
-bedingungen 39, 120
-eingang, fristgerechter
34
-fristen 42, 43
-mittel 45
-modalitäten 44
-modus 34, 40
-ziel 30, 56
Zehn-Punkte-Methode
211
Zeit 65, 77
Ziele 89, 92, 96
Zufriedenheit 155
Zugeständnis 40, 52,
110, 139, 124, 145,
Zuhören 40